现代家庭教育理论与方法丛书

教育部人文社会科学研究规划基金项目“阿德勒家庭教育理

（项目批准号:21YJA880028）

成为最懂孩子的家长

邓林园　邓嘉欣　朱亚琳　张丹红　石诗雨◎著

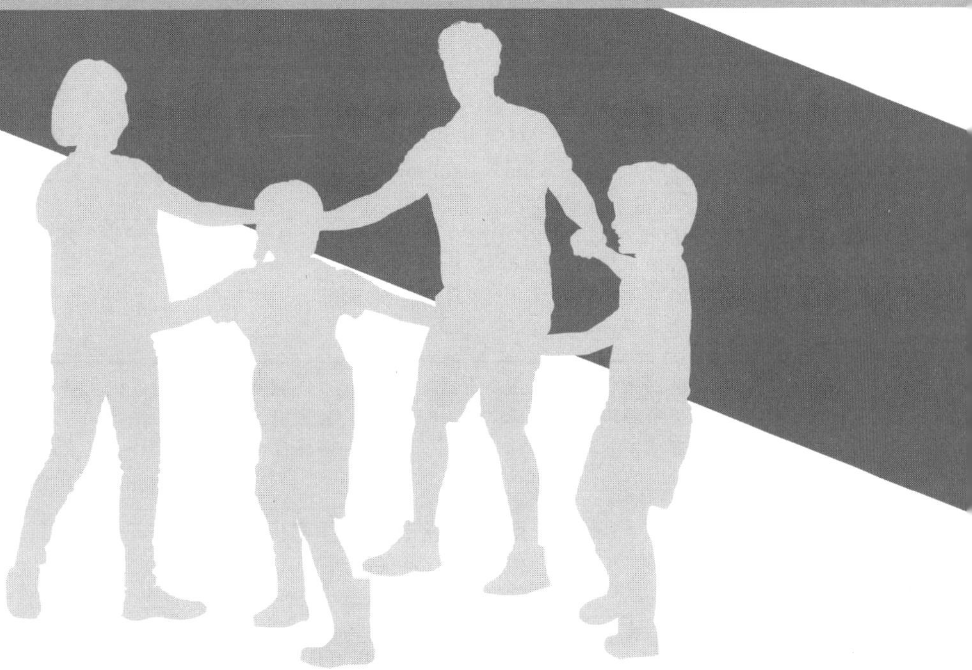

图书在版编目（CIP）数据

成为最懂孩子的家长/邓林园等著. —北京：北京师范大学出版社，2024.12

（现代家庭教育理论与方法丛书）

ISBN 978-7-303-29811-2

Ⅰ. ①成…　Ⅱ. ①邓…　Ⅲ. ①家庭教育　Ⅳ. ①G78

中国版本图书馆 CIP 数据核字（2024）第 034935 号

图书意见反馈： gaozhifk@bnupg.com　010-58805079
营销中心电话：010-58802181　58805532
编 辑 部 电 话：010-58807662

CHENGWEI ZUIDONG HAIZI DE JIAZHANG

出版发行：北京师范大学出版社　www.bnupg.com
北京市西城区新街口外大街 12-3 号
邮政编码：100088

印　　刷：唐山玺诚印务有限公司
经　　销：全国新华书店
开　　本：710mm×1000 mm　1/16
印　　张：14.25
字　　数：186 千字
版　　次：2024 年 12 月第 1 版
印　　次：2024 年 12 月第 1 次印刷
定　　价：36.00 元

策划编辑：杜永生　张丽娟　　责任编辑：张丽娟　史昊婷
美术编辑：李向昕　　装帧设计：李尘工作室
责任校对：包冀萌　　责任印制：赵　龙

近年来，国家对家庭教育非常重视，出台了一系列积极的政策和措施。《中华人民共和国家庭教育促进法》的正式实施，明确了家庭教育的责任。《关于进一步减轻义务教育阶段学生作业负担和校外培训负担的意见》的出台和落地执行，让家长在孩子成长过程中的作用日益凸显。《关于指导推进家庭教育的五年规划（2021—2025 年）》进一步指导、推进了家庭教育的高质量发展。

北京师范大学教育培训中心作为教师培训的主要阵地之一，在协助学校推动家庭教育的普及和宣传上有着不可推卸的重要责任和义务。我们在研究了大量学术成果后，发现阿德勒的家庭教育思想对现代家庭教育有着非常重要的指导作用。阿德勒是奥地利著名的心理学家，他的个体心理学对家庭教育产生了深远的影响。他强调早期家庭教育的重要性，倡导理解和尊重孩子的个性。同时，阿德勒非常重视家庭和学校、家长和教师在儿童教育方面的互补与合作。为了方便广大教师和家长系统学习阿德勒的观点和理念，本丛书试图对阿德勒家庭教育理论进行系统梳理，并结合家庭教育的实际应用案例进行阐述，以期为教师和家长提供一套可读性强、深入浅出的读物。

本套丛书也是北京师范大学李兴洲教授主持的教育部人文社会科学研

究规划基金项目“阿德勒家庭教育理论及应用模式研究”(项目批准号:21YJA880028)课题的研究成果，主要从家庭教育原理、家庭教育心理学和家庭教育方法论三个不同方面梳理阿德勒家庭教育的理念与实践，以期为深入践行习近平总书记关于注重家庭家教家风建设的重要论述精神，加强家庭教育内涵建设，完善家校共育实践模式贡献绵薄之力。

在丛书编写过程中，许多专家学者和同行以其深厚的学术造诣和丰富的实践经验，为丛书的撰写提供了宝贵的指导和建议，更以无私的奉献精神和开放的合作态度，为我们搭建了一个交流与学习的平台；同时，许多研究者的研究成果也为丛书的编写提供了有益的参考和启发，对此一并深表谢意！

我们深知，家庭教育任重而道远，需要我们不断探索和实践。我们将以更加饱满的热情和更加扎实的步伐，继续在家庭教育的研究与实践中前行，为推动我国家庭教育事业的发展贡献自己的力量。

北京师范大学教育培训中心丛书编委会

2024 年 9 月 6 日

目 录
Contents

第一章　了解孩子

提到家庭教育，许多家长怀揣着热切的期望：希望能够掌握一些秘诀，让孩子既聪明伶俐又惹人喜爱；希望能够找到一种方法，让孩子自律且懂事，热爱学习，而非沉迷于电子产品……然而，倘若家长未能深入了解自己的孩子，那么教育便如同空中楼阁，即便学习再多的方法，也可能只是白费功夫，甚至可能适得其反。设想一下，如果我们对孩子能听懂什么一无所知，对他们的内心世界、需求与期望毫无察觉，只是盲目地按照专家的建议对孩子“晓之以理”，他们真的会心甘情愿地听从我们的教导吗？答案显然是不容乐观的。

其实，无论家长具体做什么，在此之前，有一个非常重要的、必不可少的环节，这就是“懂孩子”——对孩子的普遍成长规律和个性特征形成基本的了解，对孩子的发展需要和心理期待进行准确的把握。古人云：“知己知彼，百战不殆。”家长若能用心去接近孩子，去探索他们在不同成长阶段所展现出的认知智力、情绪情感以及行为表现的不同之处，去领悟不同性格特征的孩子之间的差异，家长才能游刃有余地与孩子相处，从而建立和谐融洽的亲子关系，运用适当的教育方法引导孩子健康快乐地成长。家长唯有深入了解孩子不同成长阶段的特点，以及与之相应的心理和行为规律，成为最懂孩子的父母，我们才可能给予他们最恰当的教育，引导他们健康快乐地成长。

或者说，“你的孩子，其实不是你的孩子”，他们来到这个世界，既有群体共性的阶段发展规律，又有独一无二的个人风格特征。让我们从了解孩子开始吧！

第一节　孩子各发展阶段的特征

一、认知发展

很多家长在教孩子算术时可能都遇到过类似的情况：孩子快要上一年级了，能熟练地说出“两个苹果加三个苹果等于五个苹果”，可是一旦离开苹果、梨、手指头、小玩偶、小汽车模型或其他任何物品，就不会算术了。家长急得简直要疯掉：“我费心费力地教了这么多遍，嘴皮子都要磨破了，你怎么还不会?”进而延伸到批评孩子：“你就是态度不端正、不用心。”无数次练习无果之后的画面可想而知：家长的叫喊声和孩子的哭泣声此起彼伏，家里一片混乱。到最后，家长生了一肚子气，孩子受了一肚子委屈，可依然搞不清楚“2＋3＝5”。

我们不禁产生疑惑，这是谁的问题呢？是家长教的方法不对，还是孩子学得不认真呢？真正的答案可能会让一些读者朋友感到诧异——四五岁的孩子真的是看着眼前的苹果才能做加减法，概括地说，这个年纪的孩子大脑发育程度尚不足以脱离具体的物品载体，直接进行数字运算——不是方法的问题，也不是态度的问题，而是“为时过早”的问题。这就是心理学所说的认知发展规律。

再有一个常见的现象：阅读同样的一本书，成年人能够快速读过并理解书中的信息，但孩子的阅读速度、理解速度都会相对较慢，这主要是因为成年人的认知发展水平较高，孩子的认知水平发展相对较低。除了年龄差异，认知还会受到诸多因素的影响，包括受教育经历、生理状况、文化背景等。例如，学数学专业的人自然会比其他人对数学定理的理解程度更深；而人在生病的时候反应速度会变慢等。

所以，如果家长面对孩子时完全不考虑认知发展规律，只按照自己的想法“拔苗助长”，便总会出现“自己费尽心力、孩子仍在原地”的情况，家长认为理所当然能掌握的事，在孩子眼里却是高深莫测的，这样就会导致教育效果事倍功半，亲子双方也都感到非常挫败，甚至有可能造成亲子之间严重的隔阂与冲突。但如果家长掌握了孩子认知发展的一些基本规律，据此有的放矢地与孩子互动，将教育效果最大化，达到事半功倍的效果，则更有利于孩子建立自信心、发挥潜能、顺利成长。

接下来，让我们在本节一起学习孩子的认知发展规律，跟随心理学家皮亚杰(Jean Piaget)提出的儿童认知发展四阶段理论，了解孩子各个年龄阶段的认知特点及与之对应的教育建议。

皮亚杰是儿童发展心理学领域最具影响力的心理学家之一。他通过大量临床观察和实验，总结出儿童认知发展会经历的四个阶段，分别是：感知运动阶段(0～2岁)、前运算阶段(2～7岁)、具体运算阶段(7～11岁)、形式运算阶段(11岁至成年)，儿童在每个阶段的认知特点之间有着本质的区别。以下进行逐一介绍。

(一)感知运动阶段(0～2岁)的认知发展特点及教育建议

感知运动阶段是孩子出生后的第一个认知发展阶段，在此阶段，孩子主要通过肢体动作(感知觉与运动)探索世界、发展认知。这里的肢体动作主要分为两个部分，一个是大动作，即神经系统对孩子大肌肉群的控制活动，如趴卧、翻身、爬行、走路、蹦跳等；另一个是精细动作，即孩子凭借手部的小肌肉或小肌肉群的运动，如抓、扔、抠、捏、撕、折叠、捆绑等。

让我们通过一个具体的案例来体会一下这个阶段的孩子如何认识世界。

案例

晓晓10个月大了，妈妈叫晓晓吃橘子。晓晓耳朵听到妈妈叫她去吃橘子的声音，眼睛看到橘子的形状，伸手就去抓橘子。当晓晓把橘子抓在手里，她感觉到橘子是重重的、圆圆的、凉凉的，摸起来还有点儿粗糙。这个时候，晓晓突然把橘子拿到嘴里啃，只觉得酸酸的、苦苦的，还能闻到酸酸的、涩涩的味道，晓晓觉得不好吃，她一下子把橘子扔到地上，并张嘴呜呜地叫着"妈妈……妈妈……"。

案例中10个月大的晓晓一边通过感觉(嗅觉、视觉、触觉、味觉)去感受橘子的具体特征，一边通过运动(抓、摸、啃)去加强对橘子感觉的形成，在这种不断循环的感觉—运动—感觉—运动中，晓晓就会形成对橘子的粗浅认知"橘子不好吃，有酸酸的、苦苦的味道"，这就是晓晓关于橘子的早期认知图式。图式是一种有助于人们迅速了解世界的认知架构，每个人的图式会随着个人经验的丰富而不断完善。因此，在这个时期，家长可以有意识地引导孩子通过肢体运动去探索外部世界，进而获得对事物的早期认知图式。例如，可以鼓励孩子爬行、伸手够物、抓握物品、叠放积木、翻书等，通过五官感觉获取对外部世界的认知。只要孩子的行为没有危险性，如不是滚烫的开水、燃烧的煤气、漏电的插头，家长可以多多包容孩子对世界的探索行为。要记得，孩子的探索就是他对世界建立认知的过程。

1."客体永久性"的形成

客体永久性指的是，当某个客观物体不在眼前时，人依然知道它是存在的。那么人是在多大年龄时具备了完整清晰的客体永久性呢？答案是感知运动阶段的后期，1.5～2 岁的时候。

案例

晓晓 18 个月大了，一天妈妈跟晓晓玩“躲猫猫”的游戏。以前玩这个游戏的时候，每当妈妈藏起来，晓晓就觉得妈妈不见了，“哇哇”地大哭。可这次当妈妈藏起来的时候，晓晓不怎么哭了，反而睁着圆圆的大眼睛四处找妈妈，当找到妈妈的时候，她还会开心地大笑。

案例中的晓晓从哭到不哭的转变表明，她已经渐渐形成了客体永久性，不会因为妈妈现在不在眼前就以为妈妈消失不见了，从而感到难过和害怕。客体永久性的形成意味着孩子知道外在的人和物是独立于自己存在的，即便家长此刻不在自己身边，也并不是消失不见了。

良好的客体永久性，不仅有助于小孩子与照料者之间形成稳定的情感联系、建立安全感，还能培养孩子的观察和探索能力，提高其记忆力。那么如何引导孩子建立良好的客体永久性呢？家长可以适当利用“消失重现”游戏，强化“东西并没有消失”的认知。例如，可以拿一个玩偶在孩子眼前晃一晃，接着把玩偶藏在身后，让孩子自己寻找，过一会儿再把玩偶拿出来在孩子眼前晃一晃，提示孩子玩偶并没有消失。到 2 岁之后，孩子的客体永久性意识基本形成，家长还可以利用捉迷藏游戏，帮助孩子巩固客体永久性和规则感。

2. 延迟模仿的出现

延迟模仿，即孩子在和他人、和世界接触的过程中发展出了模仿行为，且当模仿对象已经离开了现场后，孩子仍会表现出模仿对象的行为。

 案例

晓晓快满2岁了，特别爱看动画片《小猪佩奇》。有一次晓晓看到小猪佩奇在下雨天踩着水坑玩，觉得很有意思。第二天刚好下雨，奶奶带晓晓出去买菜，在买菜的路上，晓晓开始模仿小猪佩奇踩路边的小水坑，踩完一个之后，接着踩第二个，还不时地发出咯咯的笑声。

延迟模仿标志着晓晓学会了把其他人的动作保存在记忆里面，再在有相似场景的时候模仿和再现出来，这是晓晓认知能力、观察力、记忆力发展的重要象征。

因此，家长既要自我管理，又要静待花开。一方面，家长不要觉得孩子还小、什么都不懂，在小孩子面前的言行表现要有所约束，比如，不要当着孩子的面言辞激烈地争吵，不要在孩子面前长时间使用手机，这可能给孩子带来一些负面的图式。因为孩子的延迟模仿能力可能会在未来某天突然展示出来，尽管家长没有刻意地教孩子争吵、玩手机，但他们也会像自己看到过的那样做。另一方面，延迟模仿的“后显性”特征决定了家长给孩子读故事书、陪孩子看动画片的效果并不一定会即刻反映在孩子的行为中，而是可能会在之后的相似场景中出现。因此，家长们有时候还需要多些耐心。

(二)前运算阶段(2～7岁)的认知发展特点及教育建议

与感知运动阶段相比，前运算阶段孩子的认知水平有了质的飞跃。通常来讲，2岁以后，孩子从“主要是动手”转向“主要是动口”，即开始用语言表达自己的想法，学习用词汇和语句描述物体的特征，越来越多地使用符号来表征外部世界，会给很多事情赋予象征意义。例如，他们能够进行想象游戏，会在“过家家”中给娃娃做衣服、喂饭等。孩子通过这些游戏，

逐渐和环境分离，创造出属于自己的内心世界。这个阶段的孩子随着符号加工能力的增强，会经历一个语言爆发期，他们会模仿大人的语言，同时也会冒出很多自己的创造性语言。

因此，在这个时候，家长要利用好孩子擅长使用象征符号的特点，来培养孩子的语言能力和想象能力。具体可以怎么做呢？(1)创造一个更加适宜孩子阅读的环境，根据孩子的兴趣来挑选书籍。可以选择有更多象征符号的书籍，如简单的故事绘本、洞洞书、涂色书、迷宫游戏书等，还可以在象征性游戏中激发孩子的阅读兴趣。(2)从简单到复杂，循序渐进地提高孩子的阅读水平。在孩子年龄较小的时候，由于阅读水平有限，家长可以先让孩子阅读文字较少、图画较多的书籍。在阅读过程中，家长要避免机械地朗读，而是尽量以活泼生动、富有感情色彩的语调为孩子读故事；同时还可以利用象征的方式，更加形象生动地带孩子阅读，例如，用不同的音调扮演书中不同的故事人物，或者跟孩子一起把书中的场景表演出来。

在前运算阶段，孩子典型的认知特征是自我中心化的思维模式和“泛灵论”的语言表达，这两个特征的含义和表现我们来一一解读。

1. 自我中心化的思维模式

自我中心化的思维模式即只能从自己的视角出发去理解这个世界，难以明白别人看到的、想到的和自己不一样。

案例

晓晓和叮叮是同龄的好朋友，叮叮快要过 3 岁生日了，叮叮一家邀请晓晓一家一起过生日，晓晓妈妈问晓晓：“叮叮邀请我们和他一起过生日，那我们送给他什么礼物呢？”只听晓晓回答：“当然是送小猪佩奇，我们都喜欢小猪佩奇。”事实上，是晓晓自己最喜欢小猪佩奇，家里摆满了大小各异的小猪佩奇玩偶，她便觉得大家都喜欢小猪佩奇；其实叮叮最喜欢的是海绵宝宝和派大星。

案例中晓晓的话反映了前运算阶段孩子的自我中心化——晓晓最喜欢小猪佩奇，便觉得好朋友叮叮和自己一样最喜欢小猪佩奇，难以从他人的角度看待和思考问题。一般来说，每个孩子都会经历这一阶段，认为世界上的所有人、事、物都是以自己为中心的、和自己一样的。但随着孩子逐渐长大，这种自我中心如果得不到恰当指导，可能就会演变为“自私”。因此，家长在理解和尊重孩子的认知发展特征的同时，也要逐渐引导孩子进行换位思考，培养孩子的同理心，慢慢实现“去自我中心化”。当孩子持续表现出“以自我为中心”的行为时，家长可以尝试引导孩子站在别人的角度理解问题，让孩子思考“在这样的情况下，假如别的小朋友这么对你，你会怎么想?”。通过这样的方式，一步一步引导孩子站在他人的角度看问题，逐步克服以自我为中心的思维模式。此外，当孩子逐渐克服“自我中心”、能够换位思考时，家长要及时给予肯定和鼓励，以强化孩子的这一行为。

2.“泛灵论”的语言表达

“泛灵论”即认为所有的事物都是有思想、情感和生命的，比如，相信存在妖怪、仙女，“小草会痛”，“花儿在笑”，等等。

在前运算阶段，家长会突然发现孩子竟然和一个玩具娃娃“聊天”，甚至哄着布偶“睡觉”；倘若孩子心爱的东西坏了，可能会哭闹着和家长说，还要原来的“它”，即使买新的也不罢休；自己穿不好衣服，就责怪袖子不听话……这个时期的孩子无法区分什么物体是有生命的，什么物体是没有生命的，而是会把自己的意识和情感强加给所有物体，认为所有物体都和人一样，是有生命、有意识、有情感的。泛灵论的出现虽然表示孩子已经逐渐认识到了自我，但还不具备将主观世界和客观世界分开的能力，思维是比较单一和模糊的，因此，需要家长巧妙地运用这一阶段孩子的心理特点对孩子进行教育，达到事半功倍的效果。具体可以怎么做呢？

(1)通过拟人化事物满足孩子的好奇心。具有泛灵论的孩子是单纯而又可爱的，他们对外面的世界充满了好奇心，经常会冒出很多在大人看来匪夷所思的想法。如果被孩子问到稀奇古怪的问题，家长可以用故事化、拟人化的方式回应孩子。比如，孩子可能问妈妈："妈妈，为什么太阳公公晚上不在了呢?"妈妈可以回答："因为太阳公公困了，要去睡觉了呀!"这样的回答比随便敷衍孩子两句"你长大了就懂了""天黑了太阳就下山了"更容易让孩子接受。

(2)通过角色扮演培养孩子的好习惯。"泛灵论"是孩子在前运算阶段的认知特征，也是家长与孩子互动的"秘诀"。比如，当孩子没有自发地把玩具小熊摆到存放它的位置时，家长可以拿着小熊，模仿小熊的声音跟孩子说："我好累了，想回家睡觉了，谁能带我回家呢?"这个效果可比对着孩子吼一句"快把东西放回原位"好多了。当教育孩子不要踩踏花草的时候，家长可以模仿小花的语气跟孩子说："我被一个小宝宝踩到了脚指头，好疼好疼哦!"并做出伤心的表情和动作，从而引导孩子一定要爱护公园里的花草，不要随便踩踏。

(3)不要利用"泛灵论"恐吓孩子。有的家长可能也会习惯于在孩子不听话的时候，使用一些恐吓的话和方式吓唬孩子，比如："再不听话，大灰狼就会来抓你""再不听话，就把你关进小黑屋"。这种方式看似能快速让孩子"听话"，却给孩子的安全感和心理健康带来挑战和风险，一定要避免这种恐吓式的教育。而在孩子抗拒晚上一个人睡说"有怪兽会从窗户爬进来"，或者不愿意一个人去上卫生间说"害怕厕所里面有鬼"时，家长不要忘记这也是孩子"泛灵论"状态的表现之一，不要只是跟孩子讲"不用怕”，而是陪在孩子身边或者给孩子提供一些喜欢的毛绒玩具、小毯子、娃娃等作为情感陪伴，从而增加孩子的安全感。

(三)具体运算阶段(7～11岁)的认知发展特点及教育建议

具体运算阶段，大约是孩子上小学的阶段，此时孩子的认知结构正在经历重组与优化的过程，思维逐渐展现出灵活性和弹性。通过不断地学习与发展，他们能够理解和掌握长度、体积、重量以及面积的守恒，能够依据具体事物进行思维运算。之所以叫“具体”，是因为孩子的思维加工和处理的是真实的、具体的问题，他们采用具体的、操作性的思维方式来解决问题；处于具体运算阶段的孩子还不具备抽象的、假设性的思维方式。最典型的是，这个阶段的孩子通常难以理解数学方程的原理。

1. 守恒观念的形成

守恒是指尽管物体的外在形式或特征发生了改变，但个体仍能意识到其内在的数量、质量、重量、面积、体积和长度等属性并未发生变化，下面通过几个案例来具体理解。

案例

(1)体积守恒：10岁的晓晓面前摆放着两个完全相同的杯子——A、B，而杯子C比这两个杯子更矮、更粗。爸爸首先在A和B两个杯子里倒满白水，然后他又将A中的水全部倒入C(见图1-1)。接着，爸爸向晓晓提出了一个问题：“晓晓，你看B和C中的水，哪一杯更多呢?”经过仔细的观察和思考，晓晓自信地回答：“一样多。因为C的水跟A是一样多的，而A和B的水也是一样多的。”这表明晓晓已经理解了体积守恒的概念，知道液体的体积不会因为容器的形状变化而发生变化。

图 1-1　体积守恒

(2)长度守恒：紧接着，爸爸在晓晓面前放置了两根完全相同的木棍。这两根木棍平行放置，起点和终点完全相同。然后，爸爸将其中一根木棍向右平行移动了一段距离(见图 1-2)。他向晓晓提问："晓晓，你看这两根木棍，哪一根更长？还是它们一样长呢?"晓晓准确地回答："两根木棍是一样长的。"晓晓已经理解了长度守恒的概念，知道即使物体的位置发生了变化，其本身的长度并不会因此改变。

图 1-2　长度守恒

(3)质量守恒：爸爸在晓晓面前放了两个重量完全相同的橡皮泥圆球，并用天平进行了称重，明确告诉晓晓这两个橡皮泥的重量是完全一样的。然后，爸爸将其中一块橡皮泥重新塑形，搓成了一个长条状(见图 1-3)。他询问晓晓："现在，圆球橡皮泥和扁的橡皮泥，哪一块更重呢?"晓晓经过思考后，准确地回答："两块橡皮泥的重量是一样的，只是把橡皮泥的形状变成了长条。"晓晓已经理解了质量守恒的概念，知道物体的重量不会因为形状的改变而发生变化。

图 1-3　质量守恒

(4)数量守恒：几天之后，爸爸要求晓晓在桌子上摆放10个杯子，摆成整齐的一排。随后，爸爸也亲自数了10个杯子，并将它们以更宽的间隔距离放置在晓晓排列的杯子旁边。接着，爸爸向晓晓提出了一个问题："晓晓，你觉得哪一排的杯子数量更多呢?"晓晓毫不犹豫地回答："这两排杯子的数量是一样多的!"如今已经10岁的晓晓，不会像她5岁时那样，单纯地认为排列更长的杯子数量就更多。她已经学会了运用数量守恒的概念来准确判断物体的数量。

在前运算阶段及其之前的孩子，还不能掌握守恒的概念。例如，用橡皮泥做的球被拍扁后，孩子会认为它变大变重了；如果水从矮而粗的杯子倒入高而细的杯子，孩子会觉得水变多了；等长平行摆放的两根木棍，如果两根错开摆放，孩子会认为两个木棍是不一样长的。但是到了具体运算阶段，孩子的认知发展更进一步，他们的思维能够发展出守恒性特点，案例中晓晓的思维就已经具备守恒性。皮亚杰把具体运算阶段的孩子对事物守恒性的认识程度，作为孩子智力发展的一个重要指标。如果这一阶段的孩子缺乏对事物守恒性的认识，不但会在小学学习阶段遇到困难，在将来的学习阶段还会遇到更多的困难(例如，代数式的恒等变形、列方程解应用题及几何变换等)。

因此，如果家长发现这个阶段的孩子守恒概念发展比较缓慢，就要引起重视，可以参考以下方法，促进孩子守恒概念的稳定发展。

(1)数量守恒训练。在解决数量守恒问题时，孩子会采用一些认知策略，主要有对应、目测、点数等方法。然而，当面对陌生任务时，孩子可能会出现"策略使用缺陷"的情况。这时，家长应鼓励孩子思考并尝试运用这些策略，同时给予适当的帮助和指导。例如，家长可以问孩子："这两排杯子的个数是不是一样多？我们一起来数一数吧。"或者家长可以这样引导孩子："仔细观察一下这两排杯子，看看它们有哪些相同的地方?"这样的提问方式有助于孩子从感官层面理解数量守恒的概念，并培养他们的观察力和分析能力。

(2)长度守恒训练。类似数量守恒的训练可以使用"数一数"，长度守恒的训练可以使用"测一测""量一量"，即借助测量工具得到的精确结果，来加强孩子对守恒的印象。

(3)体积守恒训练。体积守恒的训练，可以借助可逆的方法，比如，上述案例中提到的三个杯子装水，让孩子自行在不同的杯子间倒水，体会"看起来不一样实际却一样"的奇妙，同时家长可以用语言引导孩子关注多个维度："杯子C矮一些但粗一些，它们不是只有高矮不同，对不对？所以不能只看高矮，还要看粗细。"

2. 思维运算要有具体的事物支持

具体运算阶段的孩子不能够进行纯符号运算，还要依赖于实物和直观形象的支持。

案例

爸爸向7岁的晓晓提出如下问题："小明的头发颜色比小亮浅一些，小明的头发颜色比小光黑一些，请问三个人中谁的头发最黑?"晓晓刚开始表现得比较迷惑，这个时候，爸爸拿来三种颜色浓淡程度不同的布娃娃，分别命名为小明、小亮和小光，按题目顺序两两拿出来给晓晓看，晓晓看过之后，爸爸将布娃娃收起来，再让她说谁的头发最黑，晓晓会毫无困难地指出小亮的头发最黑。

具体运算阶段，孩子思维能力不断发展，不像前两个阶段的孩子那样，需要在很大程度上借助感官去认识和理解世界，不过他们也仍然需要借助一些具体的事物(如教具)辅助他们更顺利地认识这个世界。由于具体运算阶段的孩子其抽象思维能力比较有限，所以，案例中晓晓爸爸问晓晓的问题如果仅仅以语言形式出现，晓晓正确回答出来可能没那么容易。但如果有一个实实在在的物体(如布娃娃，或者在纸上画示意图)作为参照，晓晓就能很快推理出问题的答案。

许多家长在陪小学生做数学的拓展题时，常会遇到这样的困扰：家长可能很快用方程就把应用题解出来了，然后讲给孩子听，家长以为自己的方法简单明了、思路清楚，可孩子却听得一头雾水。这也是具体运算阶段的典型表现。数学方程的原理是从具体事物中进行抽象提炼的，中低年级小学生理解起来仍有较大困难。因此，了解此阶段孩子的思维特点后，家长在辅导孩子作业时，要考虑孩子的理解水平，并有意识地利用实际物品作为辅助教具。这样的辅导方式不仅效率高、效果好，而且能够减少亲子之间的冲突和误解，使学习过程更加和谐愉快。

(四)形式运算阶段(11 岁至成年)的认知发展特点及教育建议

当孩子进入形式运算阶段，也就是小学高年级以后，思维不一定要从具体的事物和过程开始，可以利用语言文字和抽象概念，在头脑中想象、思考、重建事物和过程来解决问题。

1. 开始抽象逻辑思维能力

本阶段的孩子能理解符号的意义、隐喻和直喻，能对事物做一定的概括，其思维发展水平已接近成人的水平。

 案例

晓晓爸爸给 11 岁的晓晓呈现了一张动物的图片(见图 1-4)，问晓晓看到这个图片可以联想到什么。晓晓想了想说：“这个动物看着像

浣熊，但是又像貉。”晓晓仔细地看了看图片，发现这个小动物的耳朵略圆，上方有白色的毛，而且浣熊的尾巴有环纹，而貉的尾巴没有。于是，晓晓根据这个命题和概念做出了一个判断：这个动物是浣熊。她对爸爸说：“这是浣熊。它们会在靠近食物来源的地方建立巢穴，如公园、花园和学校周围。”

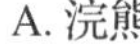
A. 浣熊

B. 貉

图 1-4 动物图片：浣熊与貉

对于前运算阶段的孩子来说，比较容易产生形象思维，把图片给这个阶段的孩子看，由于孩子没见过这个动物，就会联想这和他见过的小狗很像，会不会是同一种动物。这个时候孩子采用的就是形象思维。但是年龄大一些的孩子，他的认知更加完善，他会觉得图片中的动物像小狗，但是他看过浣熊，所以就会联想到浣熊，同时他还看过跟浣熊相似的动物，于是还要进行区分和分辨。这个过程就是抽象逻辑思维过程。

抽象逻辑能力对于孩子的学业成绩有重要的影响。在这个阶段，家长可以多培养孩子的抽象逻辑推理能力。(1)多让孩子进行逻辑思维游戏，如数独、拼图等。选择孩子感兴趣的主题，如侦探故事或谜题等，引导他们仔细阅读题目，分析题目中的线索和信息，通过推理逐一排除不可能的选项，直至找到正确答案。(2)跟孩子一起编故事。家长可以给孩子一个故事的开头，然后鼓励他们根据自己的想象和逻辑来续写故事；也可以提供四到六个关键词，让孩子找到其中的关联，并由此编写一个逻辑自洽的小故事。在这个过程中，孩子需要思考故事的情节发展、人物关系、内容合理性等，这些都对于提高逻辑思维能力有很大帮助。

2. 道德观发展趋向成熟

随着认知能力的发展，孩子的道德发展从他律道德阶段发展到自律道德阶段。

案例

7 岁的时候，晓晓爸爸问晓晓："小刚帮妈妈洗碗，不小心打破了 10 个碗；小强偷吃冰箱里的零食，不小心打破了 1 个碗。你认为谁会被批评?"晓晓回答说："小刚做得不对，会被妈妈批评，因为他比小强多打碎了很多碗。"等到晓晓 11 岁的时候，爸爸又问晓晓同样的问题，晓晓回答："小强做得不对，会被批评，因为他去偷吃东西；但是小刚却是好心帮妈妈洗碗，不小心弄碎的。"

皮亚杰将孩子的道德发展阶段分为：前道德阶段(0～4 岁)、他律道德阶段(5～8 岁)、自律道德阶段(8～12 岁)、公正阶段(12 岁以后)。(1)前道德阶段。这一年龄时期的孩子尚未进入具体运算阶段，他们对问题的考虑还是自我中心的。他们不顾规则，按照自己的想象去对待规则。(2)他律道德阶段。大约是快要上小学到小学低年级时期，孩子的道德认知具有以下几个特点：单方面地尊重权威，有一种遵守成人标准和服从成人规则的义务感，也就是"听话的孩子是好孩子"；从行为的物质后果来判断一种行为的好坏，而不是根据主观动机来判断，比如，案例中的"打碎碗的数量越多错误越严重"；认为受惩罚的行为本身就说明是坏的。(3)自律道德阶段。大约是小学中高年级到刚上初中的阶段，孩子的道德认知具有以下几个特点：已认识到规则是由人们根据相互之间的协作而创造的，因而它是可以依照人们的愿望加以改变的；判断行为时，不只是考虑行为的后果，还考虑行为的动机，比如，案例中的“不小心弄碎了碗可以谅解”；儿童能较高地评价自己的观点和能力，并能较现实地判断他人。(4)公正阶段。大约是上初中以后，这个阶段儿童的道德观念开始倾向于公正。

案例中的晓晓在7岁的时候无法根据事件的缘由去分析行为结果，仅仅凭借结果去下定义和判断，说明晓晓还处在他律道德阶段，但是11岁的时候，晓晓就可以根据行为的动机去分析事件，并给出相对客观的评价，说明晓晓步入了自律道德阶段。

皮亚杰的道德认知发展规律给我们的启示在于：(1)孩子的道德发展具有阶段性和连续性，针对不同年龄阶段的孩子，要采用不同的道德教育方法和道德教育内容，防止一刀切的现象。比如，对十多岁的孩子要解释清楚某个指令或建议的前因后果，而不是直接简单地告知“不可以这样做”或“必须这样做”。(2)孩子的道德情感在不同的阶段会发生相应的变化，在他律阶段是对权威的绝对尊敬与服从的情感倾向，因此要注意给孩子立好规矩，为培养好习惯打下基础。孩子到自律阶段是想摆脱成人的强制，形成一种相互尊重的情感，因此这个时候家长不宜采用过多的命令和强制性的教育，而应鼓励和指导孩子自己做决定，同时对他们考虑不全面的地方提出建议和改进的办法。(3)利用榜样强化的方法，通过家长的引导和同伴合作来促进道德发展，孩子可以通过观察、模仿接受道德教育。家长等成人的引导，给处于道德发展阶段的孩子一定的规则，让孩子的道德判断符合客观规则。

除此之外，形式运算阶段的孩子思维发展还存在以下的特点：(1)命题推理。它是指不必以现实的或具体的资料为依据，只凭一个命题就可进行推理。(2)假设—演绎推理。具体而言，就是指结论不是从得到证实的事实中来的，而是从未经确证的假设性前提推导出来的。(3)类比推理。处于形式运算阶段的儿童能够很好地进行类比推理，能够理解类比关系。例如，孩子能够说出“皮毛对狗就像羽毛对鸟一样”，这个类比的核心是“狗皮毛”与“鸟羽毛”之间的关系。(4)反思能力。形式运算阶段的儿童具备了反思能力，即系统地检验假设的能力，能够系统地概括出解决某问题的所有可能方法或能进行组合推理。

以上四个阶段之间不是简单的量的差异，而是存在质的差异。前者是后者的准备，并逐渐为后者所取代；前一阶段的认知和行为模式整合到下一阶段，而且不能互换。各个阶段不是截然的阶梯式，而是具有一定程度的交叉重叠。思维模式发展完整后，知识会随着每个人生活经验的不断丰富而拓展，但每一阶段的思维模式是固定的。俗话说“知己知彼，百战不殆”，只有当家长对孩子的思维方式、认知特点有了充分的了解之后，才能进行更有的放矢的教育，科学有效地引导孩子。

在感知运动阶段，家长要最大限度地允许孩子自由探索世界，多看看样貌、多听听声音、多闻闻气味、多尝尝味道，多摸摸、多跑跑、多跳跳，不要严加限制，让孩子畏手畏脚地失去了探索欲。这个阶段的孩子，家长多带他们接触大自然，出去旅游看看外面的世界，别担心他们太小记不住，出去旅游就是瞎花钱，因为他们长大了不一定说得出来小时候去过的地方，但是这些经历都印入他们的脑海里了。在前运算阶段，家长可以使用拟人化的、生动形象的语言和孩子互动，不要总是一板一眼地讲道理，而是需要比较具体、细致地给孩子反馈自己的或其他人可能有的感受想法，引导孩子试着站在与自己不同的角度(如好朋友、爸爸、妈妈)去看待事情，逐渐实现去自我中心化。在具体运算阶段，家长在和孩子沟通时可以多借助具体事物作为媒介，要具体到每件事、每个物品，而不只是跟孩子抽象地讲普遍规律。在形式运算阶段，家长要信任孩子自己的能力和判断，留出表达空间，先听听孩子是怎么想的，再予以及时的肯定或必要的纠正。总之，在认知发展的前两个阶段，孩子自身的力量相对较渺小，因此家长要给他们创造更广阔自由的空间，让他们能够在家长的陪伴下充分认识和探索这个世界，在需要的时候给予他们实际的支持和帮助，从而让他们在与这个世界实际接触的过程中提升他们的认知和思维能力。到了后两个阶段，孩子的认知能力和抽象水平都有显著提升，也更有“主意”，因此家长在关爱、尊重的基础上，要逐渐学会“放手”和“退出”，培养孩子独立面对世界的勇气，锻炼其独立解决问题的能力和意识。

二、个性和性格发展

心理学家埃里克森将人的一生划分为八个心理社会发展阶段。每个发展阶段，都有一个主要的心理社会问题冲突(一对反义词)，解决发展中的一个又一个心理社会问题冲突，人便得到了成长，进入下一阶段。前一个阶段的心理社会任务的完成与核心冲突的解决会为后一阶段的发展奠定基础；每一阶段任务的顺利完成会促进相应的积极品格形成。让我们一起来看看这八个阶段分别是什么，每个阶段的主要心理社会问题和任务又是什么。

1. 婴儿期(0～1.5 岁)：信任对怀疑

案例

珍珍已经 1 岁了，但是一直都离不开妈妈。妈妈心里非常烦恼，珍珍小的时候哭闹是要吃要喝，可是现在即使吃饱喝足，还是离不开妈妈。妈妈每天上班出门前，珍珍都要上演一场“生死离别”，死死抓住她的衣角不放，任凭她如何保证一下班就回来也不管用，那撕心裂肺的哭声，让妈妈实在无法忍受，妈妈认为自己的女儿应该是属于爱哭闹的类型，没有办法，只能等她慢慢长大，才能有所好转。

此案例中的珍珍出现了“分离焦虑”，这是孩子在面临与亲近的人或物分离时会产生的一种焦虑情绪，而引起分离焦虑的原因主要是孩子缺乏安全感。案例中的珍珍虽然1岁了但还是离不开妈妈，主要是因为她对周围环境和父母的信任感还没有建立完全，她担心离开妈妈后自己一个人需要面对不熟悉的环境，因此她才会用哭闹的方式来缓解分离焦虑。也就是说，如果孩子在婴儿期经常得不到父母的悉心照顾就容易缺乏安全感；但如果和主要照料者建立了健康的依恋关系则有利于形成早期的安全感和对人的基本信任感。

根据依恋理论，每个孩子都至少会和一个主要照顾者发展依恋关系。安全依恋关系的建立，能让孩子更好地与他人建立健康的情感联结。就像案例中的珍珍如果能够与妈妈建立安全的、稳定的依恋关系，那么她的分离焦虑就会减少，从而当妈妈再次离开时，珍珍就不会哭闹不止，而会用相对平稳的情绪面对妈妈的暂时离开。个体的依恋关系越安全，幸福感就越高。

孩子6～24个月是依恋关系发展的关键期，并且主要照顾者的不同反应方式会让孩子形成四种不同风格的依恋类型，每一种都有其独特的表现并对孩子的发展有潜在影响。

(1)安全型依恋。孩子与主要照顾者间建立了稳定的情感纽带之后，尽管会对陌生环境保持警惕，但经过观察确认后，也会表现出好奇心，他们对自己和母亲都有较强的信任感。这类孩子的家长能够在照料孩子时提供温暖、稳定的环境，并能够比较敏锐地感知并回应孩子的情感需求，在保证安全的环境下，允许孩子自由探索世界。

(2)焦虑—回避型依恋。这类孩子显得相对冷漠，通常认为所有人都是不可靠的，这可能是由于家长未满足他们的情感需求，或他们在婴儿期被轮流抚养，没有形成对某个特定个体的依恋。

(3)焦虑—抵抗型依恋。这类孩子表现出对陌生人的强烈恐惧和对母亲的矛盾情感。他们会依赖母亲，但一旦母亲离开，就会极度难过和焦虑。当母亲返回时，他们既想亲近又表现出抗拒，这种矛盾情绪使得他们难以被安抚。这类孩子的家长在养育孩子的过程中可能对孩子有较强的控制，导致孩子缺乏自信和独立性，从而增加了他们对家长的依赖。同时，这类家长因自身情绪不稳定，导致孩子的焦虑增加并与父母对抗。

(4)紊乱型依恋。紊乱型依恋的孩子则呈现出一种不稳定的依恋模式。他们对陌生人的反应和对母亲的反应是不固定的。和前两类焦虑型依恋相似，这类孩子的家长除了情绪不稳定、对孩子的需求不敏感之外，可能家长自身就存在抑郁、焦虑等问题，或是家庭环境不稳定，频繁更换住所，进而给孩子带来不安全的感受，影响孩子依恋关系的形成。

除了安全性依恋，其他三种依恋类型的形成可能是因为在发展初期，埃里克森提出的第一阶段任务基本信任没有形成，因此导致孩子对外界有所防御。那么，家长可以做些什么帮助孩子形成安全型依恋呢？心理学上有一个概念，叫“60 分妈妈”。60 分妈妈，既不像 100 分妈妈那样，时刻回应孩子所有需求；也不像 0 分妈妈那样，总以自我为中心，忽略孩子。60 分妈妈，会在孩子需要时及时出现，同时又给足孩子空间，让孩子拥有掌控权。

在婴儿期阶段的孩子获得信任感是他们对未来人生进一步形成信任感的基础。那么，面对孩子的啼哭，家长是否需要次次回应呢？显然不是，有时孩子啼哭也许是为了发泄自己过剩的精力。因此作为家长，要做一个 60 分家长，家长始终要明确，回应是为了让孩子在需要时感受到自己被关注了，而不是一味满足、纵容孩子。

2. 儿童早期(1.5～3岁)：自主对羞愧

 案例

珍珍2.5岁了，开始对周围的世界好奇，会反复用“我”“我们”等字词表达自我，同时还会说“不”来反抗爸爸妈妈。在家里经常扔东西、撕纸等，去外边玩，喜欢踩水坑、捏泥巴，经常把自己搞得脏兮兮的。

孩子在儿童早期掌握了大量的身体技能，如自由的行走、跑跳、说话等，他们的基本任务是通过控制身体来发展自主性，正如案例中珍珍的种种表现。孩子发展自主性的同时也表现出与家长的冲突，出现第一个“叛逆期”，越是家长明令禁止做的事情，孩子就越想要去尝试。如果孩子在探索中能够得到来自重要他人(如孩子的爸爸妈妈、祖辈)的鼓励，那么就能较完备地形成自主感。但如果家长总是担心孩子遇到危险或者受伤，在孩子自主探索时，总是不断地说“不可以”并阻止孩子继续做看似危险的行为(如自己爬楼梯)，这样可能就会导致孩子的自主性被束缚，变得畏畏缩缩，从而认为自己是不好的，慢慢形成羞愧感。

因此在儿童早期，家长要学会两边平衡，既要能够激发孩子自主探索认识周围世界的主动性，又要在孩子可能遇到危险时及时加以引导，从而让孩子通过自己的方式去认识世界。允许孩子自由地探索世界是培养自主性的关键，但同时，为孩子设定一些必要的规则、规范也是至关重要的。以孩子学走路为例，这一阶段的孩子可能会渴望独立行走，拒绝家长的搀扶。此时，家长若过分保护，反而可能让孩子对自己的能力产生怀疑。然而，完全的放任也不可取，因为孩子在尝试过程中难免会遇到摔倒、磕碰的情况，如果缺乏必要的保护，他们可能会感到外界环境的不安全，进而

也会影响自主性的发展。因此，家长需要给孩子一定的空间，划定合适的范围，允许孩子自主探索的同时，为他们提供适当的保护。比如，在孩子摔倒时及时安慰，或在软垫子上让孩子练习行走以降低摔倒的风险，在孩子需要时提供必要的帮助。通过这样的方式，家长可以在保护孩子安全的同时，培养他们的自主性和良好的习惯。

3. 学前期(3～6岁)：主动对内疚

案例

珍珍4岁了，最近她非常喜欢帮妈妈做家务。有一次珍珍帮妈妈叠衣服，但是无论珍珍怎么叠，都无法把衣服叠得特别整齐。妈妈看到珍珍叠得歪歪扭扭的衣服，忍不住笑出声来，并赶紧制止珍珍，跟她说："你还太小，叠不整齐的，长大了再说吧。"珍珍很生气，把本来叠好的衣服推到地上，跑回了自己房间。

学前期的儿童大多已进入幼儿园，他们开始对外界产生更多的好奇和求知欲。家长可能经常会看到，这一阶段的孩子特别喜欢自己主动做一些事，主动地洗碗、拖地、倒水等，这种像大人一样试图主动去承担一些任务，甚至还想做一些力所不能及的事情，其实就是萌生出了主动感。但与此同时，有的目标依照孩子现有能力达不到，或者孩子好心却办了坏事，就会产生内疚感，就像案例中的珍珍多次尝试无果，索性不叠了直接跑开，这其实就是珍珍在叠衣服的过程中想要做好但是并未如愿，此时妈妈的嘲笑和丧气话进一步让珍珍产生挫败感、内疚感，觉得自己什么都做不好。这一时期如果孩子主动探究的行为能够得到家长或重要他人的支持或鼓励，并取得成功和来自外界的认可，孩子的主动性就会得以维持甚至被加强，未来更有可能成长为一个有责任心、有创造力的人。但如果孩子的主动性和热情总是被忽略，或者因行动太笨拙、作品太糟糕总是被批评或嘲笑，孩子就会对自己失望，最终产生内疚感。如果案例中的妈妈能够在珍珍主动叠衣服时不嘲笑她，而是告诉珍珍：“你好能干，这么小就帮妈妈做家务了，虽然你第一次叠衣服，但是每件衣服都叠得像模像样，还一直努力叠放得更整齐，妈妈给你点赞!”最终珍珍一定会在妈妈的鼓励下成功学会叠衣服，其主动性的发展也得到了保护，她以后在类似的事情中更有可能很好地发挥自己的主动性。但如果妈妈总是嘲笑或责怪珍珍，那她就可能会觉得是因为自己太笨了所以才学不会，妈妈的嘲笑和责怪是自己应得的，这样就会产生非常强烈的内疚感，从而在下次遇到相同或者类似的事情后，珍珍可能就不敢尝试了。

那么，面对这一阶段的孩子家长应该如何做才更有利于孩子发挥主动性呢？为孩子创造一个完全让他们体验不到内疚感的世界是不切实际的，也是不可能的，发挥主动性并不意味着孩子就完全不会产生内疚体验。毫无内疚感的孩子会“过度主动”，缺乏对现实世界的正确评估，认为只要自己努力就能做到，甚至会为了达到目的不择手段。主动性和内疚感都是自然的心理现象，没有对错好坏之分，两者失去平衡才会伤人伤己。因此，只要让孩子的主动性体验超过内疚感，便更有利于孩子形成“目的”品质——一种正视和追求有价值目标的勇气，这种勇气不为幼儿想象的失利、罪疚感和惩罚的恐惧所限制。

4. 学龄期(6～12 岁)：勤奋对自卑

学龄期的孩子进入小学接受学校教育，正式开始接受来自社会的期待和要求，并在学校中学习今后生活所需的必要知识和技能。如果他们能够顺利完成学习任务，并得到来自老师、同学、家长的肯定，就能更加投入，形成稳定的成就感和勤奋感。但在完成任务的过程中，如果孩子总是经历失败，或总是害怕失败，就容易产生自卑情绪，认为自己能力不足，进而产生自我怀疑。也有一些孩子可能会因为担心自己不如别人、在意别人的评价而执着于追求学习成绩，忽视了生活的其他方面，这样的心态很难让他们真正对学习产生兴趣，反而可能会使学习成为一种压力和负担。在应对外界评价的过程中，为了避免自卑感，有的孩子还会渐渐发展出一些自我防御机制，通过强调任务的消极方面，逃避完成任务，最终他们的心态可能演变为“我学习不好是因为我不想学习”，变得逃避学习。下文案例中的珍珍性格内向胆怯，在学业上总是受挫，久而久之就开始对自我产生怀疑，萌生出“什么都不如别人”的自卑想法，情绪也十分低落沮丧。

案例

珍珍今年11岁，上小学5年级了。有一天班主任跟珍珍妈妈打电话，说珍珍最近情绪状态不佳，害怕参加活动，经常回避与老师同学相处。在课堂上，她从不主动举手回答问题，被老师点名也经常因为紧张而表达不清，显示出语言表达能力的不足。此外，珍珍的家庭作业也经常不能按时完成，这使得她在班级中的学习进度相对滞后。在与班主任老师的进一步沟通中，珍珍表露了自己的心声。她表示，与身边的人相比，总觉得自己很笨，什么事都不如别人，做什么事都没有信心。因此，班主任老师特别提醒珍珍妈妈，希望她能更多地关注珍珍的情感需求，给予她更多的陪伴、鼓励和肯定，以帮助她走出当前的困境，重拾自信与快乐。

在学龄期，如果家长的评价体系是多元的、注重过程的，能够从不同的角度欣赏和肯定孩子，孩子就更容易形成勤奋感、克服自卑感。一方面，从多元评价的角度出发，案例中的妈妈要善于观察，帮助孩子发掘自身的潜能和优点，如孩子学业成绩不佳，但也许孩子画画很棒，那就可以多鼓励孩子发挥自己的优点；另一方面，从过程性评价的角度出发，珍珍妈妈还可以学会让孩子在学习的过程中体验学习的快乐，如可以鼓励珍珍“学习态度很认真”“事情都安排得有条不紊”“学习很努力”等。此外，在评价的过程中可能还会涉及孩子的个体差异部分，具体内容详见后文关于个性和能力差异的章节。

从目标制定的角度出发，目标的制定要综合评价孩子的能力和兴趣，以孩子的需求为先。如果家长给孩子制定的目标太高，孩子无法达到这个目标，就会产生沮丧、自卑的感觉。因此，制定的目标要贴近孩子的实际情况，帮助孩子产生成就感。家长可以在孩子每达到一个小目标时，就表达鼓励，以增强孩子的掌控感。但让孩子偶尔体验失败也是有必要的，适度的自卑能让孩子保持谦逊。要让孩子学会在勤奋和自卑之间找到平衡，这样才能更全面地成长和进步。

5. 青少年期(12～18 岁)：自我同一性对角色混乱

这一阶段孩子进入青少年时期，他们的身体、认知、自我、人际关系等都在迅速发展和变化，他们渴望新事物，寻求刺激和冒险，渴望获得家长、教师和同伴的尊重和认可，但是情绪的波动性大，且情绪调节能力还不够完善。一方面，他们还有儿童期的思维；另一方面，他们会展现出作为成年人的期待，思维深度也越来越接近成人。因此，这也是亲子关系的距离需要及时调整的关键时期。家长要尊重孩子的发展和成熟性，把孩子当作成人一样平等对待，倾听和认可他的想法和对世界的认识，让他感觉自己真的“长大了”。当孩子表达自己的观点以及对人生的感悟时，不要忽视、敷衍、嘲笑他们。

在青少年期，孩子也面临新的心理社会冲突，最关键的问题就是要建立自我同一性。孩子在青少年期这一迅猛发展的阶段，身心经历着巨大的变革，面临着诸多需要深入思考的问题。在这个过程中，孩子会结合现实生活中的各种情境，不断地整合自我认知，最终确立起自我同一性，形成稳定而清晰的自我认知与价值观。简单来说就是:“我面临着心理和生理的困扰,正努力结合现实环境去寻求解决之道。在这个过程中,我会尝试和体验多种不同的角色和生活方式,并参考他人的评价来认识自己。若我能够以某个特定角色获得社会的认同,那么自我同一性便会逐渐形成。然而,若外界的评价与我对自己的认知存在偏差,我便难以真正认清自己,进而可能导致角色混乱。”

当孩子在解决同一性问题的过程中,会经历“探索”与“投入”这两个重要的过程。“探索”涉及对价值观、目标等各方面的探索;“投入”即在自我探索之后,确定自己的目标并坚持下去。根据青少年在“探索”和“投入”这两个方面的表现,可以将自我同一性细分为四种类型,包括同一性获得、同一性延缓、同一性早闭、同一性扩散(见图 1-5)。

图 1-5 自我同一性类型

同一性获得:青少年通过探索,了解自己的特点和真正想做的事,对自己有准确和清晰的认知,也有明确的目标,并且这个目标与自己的特点是匹配的、一致的。例如:“我画画不错,而且喜欢画画,我未来想成为一名画家。”这种目标的达成是自己探索后获得的,并非外界强加来的。

同一性延缓:青少年虽然会主动探寻解决问题的方法但还处在迷茫困惑的状态,迟迟没有找到答案、确定方向。例如青少年期的孩子对于当老师比较感兴趣，但是并不确定自己的性格和能力是否真正适合当老师，因此还在持续探索之中。

同一性早闭：青少年虽然已经定下来一个目标，但是可能并没有经过自己的充分探索和深思熟虑。人们常说的“乖孩子”可能更容易呈现这种状态，他们听话、乖巧，当他们还没有自我探索和尝试的愿望和机会时，就已经接受“强势”的家长或其他权威的建议，或被要求做出某个重大的选择。例如，高考填报志愿时，有些孩子因为家里人都是做金融的，便自然而然地选择了金融专业；有些孩子则因为被老师夸赞适合学数学从而选择了数学专业。在这个过程中，他们没有深入考虑自己的兴趣、能力、价值观与专业的匹配度，便做出了决定。在未来的生活中这些孩子可能会缺乏主见，容易盲从，无法独自应对生活的挑战，对自己的能力缺乏信心，当然也有可能在某一天突然“醒悟”，表现出迟来的“叛逆”。

同一性扩散：青少年不仅不主动探寻解决问题的方法，也不愿意全身心投入解决问题之中。这类孩子可能从来没有认真想过未来要去向哪里，或许是因为过去的生活一直过得很安逸，使他们没有动力去思考这样的问题；或许他们曾有过主动的思考和探索，却总是被身边人否定和打击，最终选择放弃。同一性扩散可能会表现为“佛系”“摆烂”“自暴自弃”等，例如，成天在家打游戏，既不想以后的人生路，也不想应该如何去努力。

因此，家长要给孩子提供宽容、接纳的家庭氛围，允许他们自主地探索和尝试，允许他们有犯错的机会。不过，这并不意味着过分纵容，而是给孩子适当的引导，家长要以支持者的身份帮助孩子探索同一性，与孩子一起探讨、了解、体验各种角色。这一阶段，孩子的探索包括三个部分：亲密关系、价值观和职业生涯。

(1)亲密关系：进入青少年期后，随着性意识的萌芽，孩子开始期待爱情。健康、适度的两性相处和交往，有助于孩子对自己的择偶标准进行充分、积极的探索，从而为未来的婚姻家庭生活奠定积极的基础。作为家长，不要谈“爱”色变，而是正好借此机会，与孩子进行开放的交谈，营造宽松、接纳的沟通氛围，帮助孩子厘清自己的择偶观，并适时引导孩子、进行科学的性教育。

(2)价值观：在价值观引导上，家长要创造积极正面的家庭环境，同时以身作则，并与孩子进行开放、民主的沟通交流。此外，在和孩子日常相处中，可以通过探讨社会热点、阅读、参加志愿活动等方式，帮助孩子成长为一个品行端正的人，并帮助其探索他们认可的价值观方向。

(3)职业生涯：在职业生涯探索上，强调“择己所爱”“择己所长”与“择世所需”。因此家长要帮助孩子通过职业体验、性格测试等方法了解自己的专业和职业兴趣与偏好，了解自己所擅长的专业或职业领域，并深入了解不同的职业和专业发展前景，最后，家长通过与孩子进行充分的沟通和交流，一起确定适合孩子的职业发展目标和轨迹。

根据埃里克森的心理社会发展阶段理论，除了上面5个阶段外，每个人还会在接下来的人生中经历下面3个阶段：(1)成年早期(18～25岁)：亲密对孤独。在这个阶段，如果个体能够通过恋爱并发展出合适的未来伴侣，和他人建立亲密关系，就能获得亲密感，否则将产生孤独感。(2)成年中期(25～50岁)：繁殖对停滞。在这个阶段，个体通过生养子女，或者在工作当中的努力与产出，从而获得繁殖感，使个体更加有生命力。反之，就会产生停滞感。(3)成年晚期(50岁以后)：完善对绝望。在这个阶段，大部分人已经退休，开始反思人生，重视自己的修养。如果在回忆反思时，感到充实、欣慰，就会得到一种自我整合的、完善的感觉，即使未来离世，也是没有遗憾的。如果感觉自己的人生一事无成，或者没有完成人生目标，就会感到绝望。虽然这几个阶段已经是成年之后的阶段，但是每个阶段的发展顺利与否，跟前面每一个阶段都是紧密相连的，一旦某个阶段出现了停滞和固着，就容易产生人际关系、情绪情感、个人成长等方面的困惑。

有很多家长总是想从专家这里找到一些教育孩子的“金标准”，然而教育孩子并没有绝对的标准，而是要随着孩子的成长不断调整自己的教育方式以适应孩子的成长变化。因此，了解不同发展阶段的孩子在认知和个性特征方面的典型特征，就是家长们非常重要的参照和基础。我们需要站在孩子的视角，去了解和理解他们的特征和需求，只有先懂孩子，才可能让教育真正发挥效果。

第二节　个性特征

大部分的孩子都会遵循普遍性的发展规律，但并不是每个孩子都会严格按照第一节所说的时间节点和标准模式去成长，因为每个孩子都是独一无二的个体，在发展的过程中都存在个体差异。因此，要成为最懂孩子的家长，我们不仅要了解发展的共性，还需要了解孩子的个性，即孩子的个体差异。只有这样，才能因材施教，找到最适合自己孩子的教育方法。孩子的个体差异，包括智力和能力方面的差异，也包括个性方面的差异。

一、智力和能力的个体差异

大人在夸赞一个孩子的时候常说：“这孩子真聪明!”但究竟什么是聪明呢？聪明往往意味着较高的智力水平。然而，智力并非单一的能力，而是众多能力的融合与交织。它涵盖了推理、计划、解决问题以及抽象思维等多个方面，是个体存储与提取知识、有效应对实际生活挑战的综合体现。智力不仅代表了孩子的智商，更体现了他们面对问题时的灵活思维与解决问题的能力。

传统的智力理论认为智力是以语言、数理逻辑为核心存在的，而且能够通过智力测验进行评价。根据智力测验的结果，可以划分为智力低下、智力普通、智力超常的人群，但这仅能代表智商测试的结果，并不能完全决定个体的未来发展。除了根据智商得分进行划分，还有人根据智力发展速度、早晚的差异，大致分为三类人群。第一类是稳定发展、中年成才型，通过从小到大的学习积累，在中年阶段，这类人会有一定成就；第二类是少年早成型，或者早慧型，这类人在很小的时候就能表现出智力超群的特点；第三类是大器晚成型，这类人可能在生命早期表现平平，但到了人生的后半程才能表现出智力的过人之处。因此，每个孩子都有自己的发育时区，学会走在自己孩子的发育时区里也是家长的功课，切勿因为孩子的平凡而失望或者苛责孩子，因为他们可能是要通过不断积累、厚积薄发的中年成才型或大器晚成型，当然也不要因为孩子过早表现的智力超群而沾沾自喜，因为他们可能只是早发育而已。家长应以平常心面对孩子智力发展模式的差异。

除了发展速度的差异外，智力可能还存在发展领域的个体差异。美国教育家、心理学家霍华德·加德纳认为传统的智力测验窄化了人类的能力，他提出了多元智能理论(又称多元智力理论)，认为智力的基本性质是多元的——不是一种能力，而是一组能力，其基本结构也是多元的——各种能力不是以整合的形式存在，而是以相对独立的形式存在。这些智力分别以不同方式在每个人身上组合，构成了个体之间的差异。如果我们按木桶来打比喻的话，传统的智力理论更关注木桶中的“短板”对木桶容积的拖累，强调整体的聪明程度；而加德纳的多元智力学说则更关注木桶中的“长板”带来的希望，认为教育应该关注孩子的优势智力并将其发扬光大，这既能充分发挥孩子的才能，也能提升孩子的自信心。

案例一

聪聪的父母十分焦虑，因为聪聪在学校的数学和语文成绩并不出色，他们担心聪聪进入初中之后，学业成绩不理想。然而，聪聪在家中经常自己创作歌曲，并且能够特别准确地分辨很多种不同乐器的声音。父母开始意识到聪聪不一定是“学霸”的料，但他很有可能在音乐方面有自己独特的优势，于是他们决定让聪聪学习音乐，发挥聪聪在音乐方面的才能。

案例二

灿灿在学校的成绩一直中等，没有特别突出，但是灿灿在班上的人缘却特别好，她总是能够轻轻松松与所有同学保持良好的关系，而且擅长解决纷争，一直都担任班长的职务。灿灿的父母意识到灿灿可能具有强大的人际智能，于是鼓励孩子参与诸如学生会、心理社团等活动，这些活动可以帮助她进一步发展这项天赋。

案例三

球球在幼儿园时表现出对积木的极大兴趣，他能够快速准确地组装复杂的积木模型，并且每次家长给他买的汽车玩具，他总是想方设法把轮子、车窗、座椅等零件一个个拆掉，再一个一个组装起来。家长还发现，球球从 3 岁开始，他们带球球去过一次的地方，球球就能准确记住大致的方位。球球家长发现儿子在空间智能方面比较擅长，从此以后，不仅给孩子提供了更多复杂的拼插玩具，还带他参观建筑展览，甚至购买了 3D 打印机，让他自己设计和打印模型。

中国有句俗语，叫作“尺有所短，寸有所长”。生活中也会发现，有些孩子擅长手工，有些孩子擅长写作，有些孩子擅长交际……不同的孩子身上具有不同的特点。这正好符合加德纳的多元智能理论，事实上，加德纳的多元智能理论将智能分为八个方面(见表 1-1)。

表 1-1 加德纳的多元智能理论

多元智能	特征表现	职业类型
语言智能	语言智能是指语言的听、说、读、写能力，表现为个人能够顺利而高效地利用语言描述事件、表达思想，并与人交流的能力。	这种智能在记者、编辑、作家、演说家和政治领袖等人物身上有比较突出的表现。
音乐智能	音乐智能是指感受、辨别、记忆、改变和表达音乐的能力，具体表现为个人对音乐美感包括节奏、音准、音色和旋律的感知度，以及作曲、演奏和歌唱等表达音乐的能力。	这种智能在作曲家、指挥家、歌唱家、演奏家和乐器调音师等人物身上有比较突出的表现。
逻辑-数学智能	逻辑-数学智能是指运算和推理的能力，表现为对事物间类比、对比、因果和逻辑等关系的敏感度，以及数理运算和逻辑推理等思维能力。它是一种理性逻辑思维较显著的智力体现。对数学、物理、几何、化学乃至各种理科的理解和学习有超于常人的表现。	一些数学家、物理学家、审计员等人物往往在这个方面表现突出。
视觉-空间智能	视觉-空间智能是指感受、辨别、记忆、改变物体的空间关系并借此表达思想和情感的能力，表现为对线条、形状、结构、色彩和空间关系的敏感，以及通过平面图形和立体造型将它们表现出来的能力。同时对宇宙、时空、维度空间及方向等领域的掌握理解，是更高一层智能的体现。	这种智能在画家、雕刻家、建筑师和飞行员等人物身上有比较突出的表现。
身体-运动智能	身体-运动智能主要是指运用四肢和躯干的能力，表现为能够较好地控制自己的身体，对事件能够做出恰当的身体反应，以及善于利用身体语言表达思想和情感的能力。	这种智能在运动员、舞蹈家、木匠、赛车手和体育老师等人物身上有比较突出的表现。

续表

多元智能	特征表现	职业类型
自知-内省智能	自知-内省智能主要是指认识、洞察和反省自身的能力，表现为能够正确地意识和评价自身的情感、动机、欲望、个性、意志，并在正确的自我意识和自我评价的基础上形成自尊、自律和自制的能力。	这种智能在哲学家、思想家、小说家等人物身上有比较突出的表现。
人际智能	人际智能是指与人相处和交往的能力，表现为觉察、体验他人情绪、情感和意图并据此做出适宜反应的能力，也是情商的最好展现。	这种智能在教师、律师、推销员、公关人员、谈话节目主持人、管理者和政治家等人物身上有比较突出的表现。
自然智能	自然智能是指认识世界、适应世界的能力，是一种在自然世界里辨别差异的能力，如植物区系和动物区系、地质特征和气候。对我们自己身处的这个大自然环境的规律认知，如人体的构造，季节的变化，方向的确立，磁极的存在，感知灵性空间的超自然科学能力，能适应不同环境的生存能力。	这种智能在地理学家、树木保健医生、城市规划者等人物身上有比较突出的表现。

多元智能理论指出，每个个体都有自己的优势智能或主导智能，人人皆可成才。八种智能在每个人的身上都有不同的组合，有一些智能很突出，而另一些智能表现平平。案例中的聪聪虽然在语文、数学等主科学习上表现平平，但是他的音乐智能很突出。灿灿虽然学业表现一般，但是她具有超强的人际智能。球球从小就在视觉-空间智能上展现出超高的天赋。这三个孩子都很幸运，因为他们的家长没有用学习成绩来作为评价孩子的唯一标准，而是都发现了自己孩子的优势智力，并支持对孩子优势智力的培养。教育的起点不在于一个人有多么聪明，而在于发现孩子的聪明之处，在欣赏和鼓励的基础上，发掘孩子的潜在智能，因材施教。那么，作为家长如何应用多元智能理论来发现、发挥孩子的天赋呢？

(1)树立多元评价观。传统的学校教育只注重学生的语言智能和逻辑-

数学智能的培养。多元智能理论批判了传统的智力理论，加德纳认为每种智能在个体智能结构中都占有很重要的位置，处于同等重要的地位，在每一个个体身上都有自己独特的表现形式。八种不同的智能没有三六九等的划分，正如不能说丘吉尔、莫扎特、爱因斯坦、毕加索、乔丹谁更聪明、谁更成功，只能说他们各自在哪个方面聪明、在哪个领域成功，以及他们各自怎样聪明、怎样成功。由此，家长应该用全面的、发现美的眼光去看待自己的孩子，相信每一个孩子都是一颗独特的、可以发光的星星；切忌将目光孤注一掷地放在学习成绩上，而是需要坚持对孩子的多元化评价。

(2)多观察和了解孩子，从而挖掘其优势智能。①家长需要投入一定的时间和精力去观察和了解孩子的日常兴趣、行为和技能，看看孩子做什么事情最专注、最擅长。例如，孩子喜欢什么样的活动？他们在哪些领域表现出突出的才能？他们在什么环境下表现最好？特别要注意观察，孩子在无人指导的情况下，他会做些什么，这往往是孩子表现潜能的信号。例如，语言智能发达的孩子比较爱说爱写，且文字理解能力和表达能力突出；身体-运动智能发达的孩子爱蹦爱跳，且身体灵活、平衡性好。②家长在观察、发掘和判断孩子的优势智能时，还需要细心谨慎。有时候，孩子的一些智能强项还会以种种“不良行为”表现出来，家长如果不了解这一点，就容易无意中把孩子的天赋才情扼杀。例如，孩子总是喜欢把买来的新玩具拆掉再组装，家长会觉得他浪费钱，但其实这可能是空间智能的体现；孩子太吵成天像个话痨一样，可能这意味着他语言智能突出。另外，每种智能在孩子身上的觉醒期也是有差异的。比如，音乐、绘画智能可能在孩子早期就会显现，但是逻辑-数学智能却要孩子进入具体运算时期或者更晚才会凸显出来，而内省智能则会表现得更晚。如果孩子还未展现出自己的天赋，请家长耐心观察和等待，相信总有一个领域是属于孩子的，家长有信心，孩子就会更有信心。③发展优势智能优于弥补弱势智能。许多家长容易陷入一个“扬长不如补短”的误区，孩子好动好跳，却不送他去打球跳舞，而是送去学钢琴学画画，希望借此提升专注力；孩子爱唱爱演爱表现，却让孩子学珠心算，上书法班，因为不希望孩子太“闹腾”；当孩子无比享受涂鸦时，却总是打断他，让他去念古诗词。总是让孩子去做自己不喜欢、不擅长的事情，只会把孩子搞得很辛苦、挫败，也不开心。孩子总是在面对自己不擅长不喜欢的事，也容易把自己的兴趣和自信心毁了，成为一个没有特点的人。因此，发展优势智能优于弥补弱势智能，这不仅能使孩子的优势智能得到培养和利用，也更能提升孩子的自信心，有利于孩子心理的健康发展。

(3)创设环境，给孩子提供多元化的体验。孩子的可塑性很强，尤其是幼儿时期，他们的知识经验的获得、能力的培养和智能的开发离不开自身和外部客观世界的相互作用。加德纳建议，在学龄前和小学低年级阶段，应该尽早给孩子创设多种条件和机会，进行各种各样的尝试体验。例如：带孩子参观博物馆、天文馆；为孩子提供乐器，带孩子听音乐会；带孩子进行各种户外活动、体育活动，玩各种体育游戏；鼓励孩子参加兴趣小组并结交朋友、参加团体活动；陪孩子玩拼图游戏、走迷宫、涂鸦……通过各种体验活动，让孩子探索和发现自己最感兴趣和最擅长的领域。

总之，多元智能理论强调用更开阔的视野看待孩子的潜能，家长要把眼光放长远，用积极的态度、科学的方法帮助孩子成长，我们有理由相信每个孩子在未来的某个领域中一定能做得很精彩！

二、性格的个体差异

家长经常会说：“这个孩子性格好，那个孩子性格不好。”性格是什么呢？性格是通过一个人对事情的理解、行为表现出来的核心特质，在心理学上，也被称为人格特质。心理学家埃里希·弗洛姆认为，性格是指每个

人行为背后的驱动力，是个体对周围的态度。性格的可塑性大，易受环境影响而改变。在孩子的成长过程中，各种环境因素都会影响其性格形成，进一步影响其个性特点。每种性格都有利有弊，了解孩子的性格特点能更好地理解孩子的行为。

案例一

张女士家里有两个孩子，一个儿子，一个女儿。张女士经常跟同事聊天，说两个孩子都是同一对爸妈生的养的，怎么性格相差这么多。儿子是老大，性格内向孤僻，像个闷葫芦，不爱说话，不善表达，喜欢自己一个人待在房间看书学习，周末的时候，想叫儿子一起出去爬爬山，比登天还难。女儿是老二，性格活泼开朗，像个小麻雀，每天嘴巴说个没完，在班上人缘超级好，经常约同学出去玩，玩到天黑才回家。

案例二

小言和小语是初中好朋友，一次两人约着周末一起出去玩。小言就开始做攻略计划，看怎么玩。她对小语说：“小语，我们周六上午9点在电影院门口集合去看电影，看完电影之后一起吃午饭，下午2点再去游乐场玩。你觉得可以吗？”小语说：“我无所谓，都可以。你安排吧！”周六那天小言早上8点就起床洗漱，穿好衣服，然后8：30出门，到电影院还提前了10分钟。但小语在家就比较拖延磨蹭，晚了15分钟才到电影院。看完电影之后，小语被最后感人至深的结局触动了，一直沉浸在里面，久久无法出戏，眼眶也是红红的，但是小言却显得很平静，反而还跟小语讨论这部电影的某些情节不合理，没有任何逻辑可言。

每个人都有一套属于自己的思考和行为模式，有着对自己的粗略看法，有自己的喜好、习惯和倾向。布里格斯和迈尔斯基于荣格的心理理论，从四个不同的维度对人类的性格进行了描述和分类，每个维度有两个偏向，一共组成16种主要的性格类型。具体维度分别是：(1)个体的能量来源分为内向(Introversion，I)与外向(Extraversion，E)偏向。内向型的人从内部世界获得能量，更倾向于对内心世界的思考和反思，在一个聚会中，内倾者给人的感觉比较安静，但并不代表他们社交能力不行，他们只是不能从社交中获得能量；外向型的人从外部世界获得能量，更倾向于社交、与人交流，在一个聚会中往往是喜欢和别人互动的，热衷于和人待在一起，和人在一起会让他们更加充满能量。第一个案例中张女士的两个孩子就表现得特别明显：哥哥内向，不喜欢社交，喜欢自己一个人独处；妹妹外向，喜欢结交朋友，跟朋友出去玩，让她一个人待着会比较难受。(2)个体获取信息的感知方式分为感觉(Sensing，S)与直觉(Intuition，N)偏向。感觉型的人更加注重具体的事实，注重自己的五官感受，关注客观的事情，这一类人倾向于通过实际的事情得出理论、观念；直觉型的人更加注重可能性、想象力，喜欢畅想未来，相信灵感，思考的内容比较抽象。(3)个体处理信息的决策方式分为思考(Thinking，T)与情感(Feeling，F)偏向。思考型的人更加注重逻辑和分析，通常以理性决策，这类人会更注重规则，看待问题比较实事求是；情感型的人更容易被情绪影响行为，擅长共情别人。第二个案例中的小言和小语在这个维度表现就十分明显，同样一部电影，小言会用逻辑推理去分析剧情是否合理，而小语则更感性，会被最后感人的结局所触动。(4)个体与周围世界的接触方式分为判断(Judging，J)与知觉(Perceiving，P)偏向。判断型的人更倾向于计划、组织和控制，通常会把事情安排得有条不紊，按照自己的计划进行；知觉型的人通常喜欢随机应变，比较随意，可能会比较拖延，不按计划行动。第二个案例中的小言就喜欢提前做计划和攻略，而小语就比较随意，甚至会拖延迟到。

基于上述四个维度、八种偏向，可以分别组成16种不同的人格类型，也是目前使用得较为广泛的MBTI职业性格模型(见表1-2)，这种人格类型是四个维度重新组合的整体，往往不是简单的叠加。这四个维度没有优劣之分，能帮助我们更好地认识自己和他人。

表1-2　16种不同的人格类型(MBTI职业性格模型)

人格类型代码	特征表现	职业类型
ISTJ	这类人注重细节和事实，有责任感、可靠严谨、有耐心，喜欢把事情安排得井井有条，注重细节和准确性，可能缺乏灵活性，过分关注细节。	这类人适合的职业是审计员、会计、程序员等。
ISFJ	这类人非常务实，有担当、有奉献精神和同情心，注重合作、和谐，热心助人，注重传统和稳定性，但可能比较保守，过分关注他人的需求，容易忽略自己。	这类人适合的职业是护士、社工、医生等。
INFJ	这类人富有想象力，做事情深思熟虑，注重个人成长，擅长洞察别人的情绪，追求完美和卓越，可能过分理想化，忽视现实因素。	这类人适合的职业是社会工作者、作家等。
INTJ	这类人对理论、科学非常感兴趣，独立、有主见，对未来有比较高的洞察力和战略眼光，可能过分自信、挑剔，忽视别人的意见。	这类人适合的职业是律师、科研人员等。
ISTP	这类人的观察力非常敏锐，务实，非常现实和实用，往往以结果为导向，比较保守和注重隐私，但可能比较固执，难以共情他人。	这类人适合的职业是工程师、电工、木工等。
ISFP	这类人对外界世界有比较强的洞察力，比较踏实，情感充沛，性格随和，比较热爱自然和艺术，欣赏美，富有想象力，可能比较敏感，缺乏长远规划。	这类人适合的职业是摄影师、艺术家、设计师等。

续表

人格类型代码	特征表现	职业类型
INFP	这类人比较理想主义，富有同理心和包容性，思考深邃，关注社会问题，可能过分理想化，忽视现实，情感波动大，不够果断和坚决。	这类人适合的职业是小说家、诗人、临床心理学家等。
INTP	这类人比较理性，对知识比较渴望，喜欢思考新的问题解决方法，对事情好奇，可能过分陷于自己的想法里，过分理论化，忽视实践应用。	这类人适合的职业是哲学家、数据分析师、战略策划师等。
ESTJ	这类人有决策力、责任心强，意志坚强，处理事情严谨，擅长运用客观的分析能力，可能过于权威和固执，缺乏灵活性。	这类人适合的职业是实物营销、经理、公务员等。
ESFJ	这类人待人友好，做事认真、务实，观察事情比较细致，注重人际关系，可能容易过分依赖他人评价，缺乏自主性。	这类人适合的职业是护士、医生助理等。
ENFP	这类人与人相处充满热情，非常有感染力和创造力，精力充沛、情感丰富、积极乐观，可能忽视现实因素，缺乏计划性和耐心，容易忽视潜在的问题和风险。	这类人适合的职业是主持人、演讲家、市场推广、销售、公关等。
ENTP	这类人好奇心比较强，喜欢面对挑战、适应能力强，非常善于解决问题，可能过分自信、情绪化，容易冲动、冒险，忽视计划。	这类人适合的职业是律师、投资顾问、创业者等。
ENTJ	这类人大胆有想象力，领导力强，富有洞察力，注重细节，有较强的逻辑思维和分析能力，善于制定并实现目标。但可能过于强势，难以关注他人的感受和意见。	这类人适合的职业是销售经理、项目经理、商业顾问等。
ESTP	这类人比较爱冒险、充满活力、灵活，雷厉风行，善于决策，有一定的冒险精神，可能容易忽视规则、缺乏耐心，容易冲动。	这类人适合的职业是商人、企业家等。
ESFP	这类人精力非常充沛、爱玩、健谈，喜欢成为关注的焦点，容易吸引周围人的注意力，可能容易情绪化，忽视规则和计划，难以深入思考。	这类人适合的职业是演员、歌手、模特等。
ENFJ	这类人是理想主义的组织者，非常有爱心、渴望促进社会和谐，有洞察力，充满活力，可能难以拒绝他人，忽视自我照顾。	这类人适合的职业是婚姻与家庭治疗师、教师、辅导员、心理咨询师。

需要注意的是，测试出来的某一个偏向，只是更倾向于这种行为方式，是相对稳定的，但并不代表就会一成不变，或者时时刻刻都是那样的特点。例如，E(外向)型的人并不是在任何时刻都是外向的，在某一些时刻，可能这个人也会展现出I(内向)型人的特点，只是E型人的特点占比更高。性格类型也会随着每个人的生活经历发生变化，例如，一个P(知觉)型的人在进入职场后，可能会因为职场的需要慢慢学会计划，经过长期训练也有可能变成一个J(判断)型的人。

我们一直强调，懂孩子是教育的前提。家长只有在充分了解孩子性格的基础上，才能更懂孩子，才能摸索出与孩子的性格特点相匹配的教育方式；教育需要顺应孩子的性格优势，而不是要纠正其性格弱势，这样的教育才能发挥更好的效果。例如，对于一个ENFP性格的孩子，他们情感丰富、乐观积极，如果家长经常从理性的角度向孩子表达建议的话，孩子就会很烦，更听不进去家长的建议。对于这一类型的孩子，更恰当的教育方式是先充分“动之以情”，将孩子拉入自己的阵营之后，再“晓之以理”。

根据孩子的MBTI类型，可以侧重不同的教育方向，更好地引导孩子发展自己的潜能。(1)在内向-外向维度上，对于外向型孩子，他们喜欢社交和表达，因此可以侧重发挥他们的团队合作和领导能力，鼓励他们多参与集体活动，发挥自己的社交优势，同时也提醒他们适时进行向内探索。对于内向型孩子，他们更注重自我反思和内在世界，可以侧重发挥他们的独立思考和自主学习能力，为他们提供安静的学习环境，同时鼓励他们表达自己的观点和想法，与人交流。(2)在感觉-直觉维度上，对于感觉型孩子，他们更注重实际和具体的经验，可以侧重发挥他们的观察力和实践能力，让他们通过亲身体验来学习新知识和技能，同时也可以鼓励他们有时候可以进行天马行空的想象。对于直觉型孩子，他们更善于抽象思考和预测未来，可以侧重发挥他们的创造力和想象力，同时也鼓励他们在现实世界的探索。(3)在思考-情感维度上，对于思考型孩子，他们更注重逻辑和理性，可以侧重发挥他们的分析能力和批判性思维，同时也鼓励他们增加对情感和人际的关注。对于情感型孩子，他们更注重情感和人际关系，可以侧重发挥他们的同理心和情感表达能力，同时也鼓励他们进行逻辑思考。(4)在判断-知觉维度上，对于判断型孩子，他们更注重计划和秩序，可以侧重发挥他们的组织能力和时间管理能力，同时也鼓励他们有时候可以放松一点，增加计划的灵活性。对于知觉型孩子，他们更灵活和适应性强，可以侧重发挥他们的灵活性和创新能力，同时也鼓励他们提升对计划和规则的敏感度和接受度。

第三节　了解特殊儿童

一、特殊儿童的定义与类型

特殊儿童的定义包括广义和狭义两方面。广义的特殊儿童是指与正常儿童在心理和行为方面存在较大差异性的儿童，这类儿童在正常范围之外，既包括残疾儿童，也包括超常儿童、问题行为儿童等。狭义的特殊儿童是指在身心功能方面存在缺失的儿童，如言语、听力、肢体、视力等，例如日常所说的残障儿童等。对于特殊儿童，只有充分了解他们的身体状态、思维模式和心理特点，才能采取针对性的教育策略。

由于特殊儿童的障碍特点差异性较大，很难有统一的定义。日常生活中所说的特殊儿童指的是在身心方面存在某些缺陷的儿童。《美国残疾人教育法》将特殊儿童分为13类，日本将特殊儿童分为7大类。我国的特殊儿童分类遵循《中华人民共和国残疾人保障法》，将特殊儿童分为视力残疾、听力残疾、言语残疾、肢体残疾、智力残疾、精神残疾(含自闭症谱系)、多重残疾和其他残疾8类，而且每一类按照严重程度分为1～4级，1级最严重。对特殊儿童进行分类、诊断并不是为了给孩子贴标签，或是让家长自暴自弃，而是为了帮助家长了解孩子的情况，采取更加有针对性的教育方式。在融合教育的大背景下，了解特殊儿童的具体情况，有利于家长帮助儿童融入学校、社会的生活中，并基于孩子的具体情况采取针对性教育，促进特殊孩子的发展最大化。如果家长在不了解孩子情况的前提下，采取了不符合儿童特点的教育策略，会让孩子产生挫败、难过、自卑等情绪反应。接下来我们一起来了解一下几种常见特殊儿童的特点。

1. 因生理问题导致的儿童特殊性

(1)儿童发育迟缓：因各种原因导致智力、运动、语言及社交等方面发展落后或异常。其中，运动发育迟缓主要分为两种，一种是大运动发育迟缓，常见表现有坐、爬、翻身、走路、跑、持物等运动能力不足；另一种是精细运动发育迟缓。语言发育迟缓主要指语言表达、理解等能力落后于正常同龄儿童水平，如一岁不会叫“爸爸”“妈妈”，1岁6个月时不能说动词，以及听不懂指令等。(2)另一种典型的生理性特殊儿童：脑瘫。这是一种发育性疾病，通常在胎儿、婴儿或幼儿时期发生，指由于大脑损伤或异常发育导致的运动和姿势障碍，是一种神经系统障碍。脑瘫可能导致肌肉的过度紧张或松弛，从而影响姿势控制和运动能力。脑瘫表现形式多样，严重程度不同，可能伴随智力障碍、语言障碍、感觉障碍等其他问题。(3)听力障碍：听觉系统的感音、传音及听觉中枢发生器质性或功能性异常，从而导致听力出现不同程度的减退。在我国的残疾鉴别标准中，听力障碍分为聋和重听两大类，每一类又分为一级、二级两级水平。而在日常生活中，儿童的听力减退有时可能还未达到听力残疾的水平，但是一定程度的听力减退对其学业和日常生活的影响也不容忽视。若孩子对周围声音反应迟钝、无法听清别人讲话，家长就要引起重视，尽量做到早发现、早诊断、早治疗、早干预。(4)视力障碍：视力障碍是指由于各种原因导致的双眼视力低下、视野缩小，而且无法通过矫正恢复正常，导致影响日常生活，如角膜疾病、白内障、先天性青光眼等。此类儿童视觉受损，对空间认知不清晰。此类儿童虽视觉受限，但听觉、触觉、记忆力等可能在生理适应机制下增强。(5)肢体残疾儿童：此类儿童由于先天遗传或者后天疾病、意外等因素，导致四肢残缺或者四肢躯干畸形、麻痹，致使人体功能缺失或者障碍。虽然肢体残疾儿童大多数心理发育和常人无异，但由于自身缺陷，容易在学校环境中被边缘化、忽视、拒绝、排斥。

2. 智力问题导致的儿童特殊性

这类儿童包括智力超常的天才儿童和智力低下的智障儿童(智商测试为70分以下)。智障儿童也分为轻度、中度、重度、极重度智力障碍。这类儿童存在明显的适应能力缺陷，主要包括：(1)沟通、理解能力比较差；(2)生活自理能力差；(3)注意力不集中，容易被其他的事物吸引；(4)感知觉迟钝，能接收到的外界信息很少；(5)抽象思维能力、想象力差；(6)行为刻板，重复某一行为或者语言；(7)意志力差，遇到困难时，情绪容易崩溃；(8)记忆力差，能记住简单的个别词语，但是很难记住故事的情节。智力障碍通常出现在成年(18岁)之前，通过干预治疗，根据其智力程度，智障儿童能够生活自理或者半自理。天才儿童，又叫作超常儿童，指的是智力高度发展或具有某方面特殊才能的儿童。这类儿童在智能发展的正态分布中处于水平最高的一段。一般来说，天才儿童在一般能力、学术能力倾向、创造力、艺术才能、领导能力或某些特殊技能上会有杰出表现。

3. 学习问题导致的儿童特殊性

这类障碍不是由于智力发育迟缓、中枢神经系统疾病、视觉、听觉或情绪障碍所致，多起源于认知功能缺陷，并以神经发育过程的生物学因素为基础，往往伴随着行为或情绪障碍，以男孩多见。特定学习技能发育障碍指儿童在学龄早期，同等教育条件下，出现学习技能获得与发展障碍。主要包括特定阅读障碍、特定拼写障碍、言语障碍、书写障碍、特定计算技能障碍。他们并不是没有好的学习习惯，或者没有努力学习，也不是受到外界环境因素的影响，只是因为认知加工过程异常导致的学习困难，智力正常或在一般水平之上，但是其潜力与学业成就之间存在着显著差异。这类儿童很难早期识别，由于家长普遍缺乏常识，出现了学习困难后没有得到及时的干预，导致后期孩子出现自卑、厌学等问题。当发现孩子在很长时间(超过 6 个月)都无法理解文章、语言的意思，难以拼写文字，不能进行书面表达、数学推理的时候，家长应引起重视。

4. 注意力问题导致的儿童特殊性

主要表现为注意力分配、集中、转移的问题，一部分注意力有问题的儿童会存在学习困难，和第三类有所重合。典型的注意力问题为注意缺陷多动障碍(Attention Deficit and Hyperactive Disorder，ADHD)，又称多动症，包括注意力缺失、多动、注意力缺失合并多动。病因和发病机制不清，其智力正常，并没有明显的病因，有轻微的脑功能障碍，目前认为是多种因素相互作用所致。这种孩子通常有六个特征：(1)注意缺陷，主动注意(即通过自己的意志力控制，将自己的注意力专注在某个目标上)保持时间与患儿的年龄和智商不相匹配，是多动障碍的核心症状之一。(2)活动过多，多数患儿从幼年起就格外好动，很难安静地做一件事，容易烦躁。(3)易冲动，多动儿童由于缺乏克制能力，常对一些不愉快刺激做出过分反应，做出不假思考的举动，易激惹，不顾后果，破坏东西。(4)学习困难，多动症儿童的智力水平大都正常或接近正常，但会出现学习上的困难。(5)神经系统异常，半数患儿存在精细动作、协调运动、空间位置感觉功能缺陷。(6)行为品行问题，往往不听从家长及老师管教，好挑斗、打架、说谎、虐待他人和小动物、干扰集体活动。

5. 语言问题导致的儿童特殊性

语言障碍包括失语、语言发育迟缓，而言语障碍包括构音障碍、声音障碍、口吃、缄默。例如，言语流畅性障碍，伴有开头的辅音(声母)、短语的开头单词或长单词的重复，俗称口吃。儿童很小的时候可能意识不到言语流畅性障碍，但随着疾病的进展，流畅性障碍变得更加频繁和有干扰性。随着儿童意识到自己在言语表达方面遇到困难，他们可能会采取一些应对机制，以此来避免流畅性障碍，例如逃避公开演讲并尽量使用简洁的表达方式，这可能帮助他们在面对沟通挑战时感到更加舒适。

6. 广泛性发育障碍导致的儿童特殊性

孤独症谱系障碍为广泛性发育障碍问题，又称自闭症，表现为社交能力的缺失和重复刻板的思维、行为方式，包括典型的自闭症、阿斯伯格症以及未分类的广泛性发育障碍三大类问题。目前，自闭症患病原因尚不明确，可能和遗传、大脑结构异常、环境等因素相关。患有自闭症的儿童社交范围比较小，喜欢独处，在幼儿时期就不喜欢和人接触、表情冷漠、有语言功能障碍，对某一些事情特别喜欢、偏执。他们感知世界的方式、表达方式和大多数人不同。很多自闭症患者，有着超乎常人的对细节的敏感度和专注力，专注于某些事。其中阿斯伯格症被视作高功能的自闭症，这些患者在很小的时候就在某些特殊领域表现出特别聪明的一面，但总体来说显得比较奇怪。这些孩子可能因为行为异于常人而被退学、学习成绩很差、很难遵守学校规则、不善于社交。

7. 情绪与行为导致的儿童特殊性

具有情绪与行为问题的特殊儿童是特殊儿童群体中行为最具备塑造性的群体，也是基数最多的群体，这类儿童通常会进入普通班学习，大部分具有情绪与行为问题的学生认知功能正常，但表现出偏离同龄儿童的行为异常。儿童的情绪障碍是表现为焦虑、担忧、恐惧、烦躁等情绪异常的一组问题，可能和个体与环境因素有关，例如，家庭的不当教育方式与敏感的儿童，就更容易产生情绪问题，影响社会适应，如焦虑症、恐怖症、抑郁症、强迫症、癔症等。儿童的行为障碍可分为习惯和行为两种类型。习惯障碍包括习惯性行为，如咬手指等。行为障碍则表现为一系列不良行为，如偷盗、打架、纵火等。其中，网络成瘾也可能是其表现之一。这些障碍常常伴随着孩子的情感和社交问题，如孤独、迟钝、暴怒、恐惧、固执等。这些行为障碍不仅可能影响其适应能力，还可能产生一系列适应障碍，进而可能导致犯罪行为。

8. 环境问题导致的儿童特殊性

不良的生活环境，如不良的学校、家庭、社会和人际关系，将不利于孩子的健康成长。例如，长期处于争吵、压抑的家庭氛围，可能会歪曲孩子的认知，造成孩子行为紊乱；在情感上缺乏安全感，对感情冷漠、叛逆，出现行为问题；影响孩子的人格发展，进一步造成人格障碍等问题。

在了解这些症状后，或许有的家长开始将自己的孩子对号入座。在这里介绍特殊儿童的分类与症状只是为了帮助家长了解孩子，并不是为了给孩子贴标签。如果有家长发现自己的孩子的确符合某一类型特殊儿童的很多标准，最好的办法就是立即寻求专业医生的评估和诊断。家长对孩子的特殊情况了解和发现越早，孩子就能够及时得到最恰当的干预和治疗，从而帮助孩子实现在自身能力范围内的发展、成长最大化。

二、特殊儿童的心理需要

特殊儿童的称呼具备两重性，大多数人都将特殊儿童的特殊需要放在首位。不过作为家长，需要理解，他们首先是儿童，其次才是有特殊需要的儿童。因此他们除了跟普通儿童有着很多共同的发展特征、个性差异和心理需要之外，还有作为特殊儿童的特殊心理需要。

首先，特殊儿童面对的社会环境更加严峻、有挑战性，除了高功能的特殊儿童，大部分特殊儿童的学习能力、学习成绩都比较差，很少获得来自家长、老师的肯定和赞赏，从而导致其容易出现厌学、学业挫败的现象。其次，特殊儿童面对外界评价，很难产生正确的自我认知，评价过高易让孩子沾沾自喜，而评价过低易限制孩子的发展，让孩子产生自卑心理。最后，他们因为认知发展迟滞或者超前，同伴关系可能遇到更多挑战，一方面主观难以融入同伴群体，另一方面也容易被同伴排斥、孤立，产生孤独感。而且在被排斥后，他们也无法理解为什么自己会被排斥、孤立。因此，特殊儿童容易产生低自尊、自我否定、社交焦虑等情绪，难以融入社会。一些智力正常但存在身体缺陷的特殊儿童更容易在群体中产生自卑感，他们不愿意接受自己残障的一面，感觉自己不是“正常人”，担心外界异样的眼光，羡慕其他孩子，同时认为自己命运悲惨。多方的挫败导致他们面对生活更加容易消沉。特殊儿童的心理健康问题应引起家长的关注和重视。

作为家长，在面对孩子自信心受到多方打击的情况下，一定要给孩子足够的温暖和关爱，多肯定孩子的优点，帮助孩子在其他方面树立自信心。智力和常人无异的特殊儿童渴望旁人像对待普通人一样对待他们。而智力发育迟缓的特殊儿童，随着年龄增长，其心智发展甚微，即便到了二三十岁，还是像小孩子一样被对待。但他们也有自己的心理需求，也渴望被爱、被认可、被需要、被鼓励，因此家长既要给予他们比同龄的普通孩子更多的理解和关爱，也要给他们像普通孩子一样的对待，让他们有机会承担责任、发展生活自理能力，从而提高他们的价值感和成就感。例如，他们可以自己倒水喝，即便水可能会洒出来，也不要在他们自己想要尝试时替他们做；他们可以帮助家里完成一些小事，如扫地、盛饭，虽然做得很慢，但请允许他们做一些力所能及的事情，让他们感觉自己被需要。

案例

大柱因为家族遗传，一出生就患有唇腭裂，可能很多人面临这样的情况都会觉得大受打击，但大柱的妈妈并不过分强调大柱的特殊性，从小妈妈就鼓励大柱，对大柱耐心地解释他的疾病，并带他积极接受治疗，从心底里是接纳孩子的。大柱一路成长都非常自信，即便是最在意容貌的青春期，也可以带着矫正器出现在很多人面前，尽情地做自己想做的事情。而小芳幼儿园时被诊断患有自闭症，小芳妈妈从此每天愁眉不展，郁郁寡欢，不能接受这个现实，也不带小芳去接受专业的干预和治疗。但随着小芳慢慢长大，她希望有朋友，但是又没人能跟她玩到一起，好不容易找到可以跟她一起玩的同学，却总是冲突不断。有时候小芳也会非常生气，感觉大家都不喜欢她，也无法理解为什么别的小朋友都不爱和自己玩。

大柱妈妈天生乐观，对大柱天生的缺陷不过分在意，而是正视孩子的疾病并积极治疗；小芳妈妈却不能接受现实，既耽误了孩子的治疗，又让孩子面临的困难和挑战越来越凸显。作为家长，当面对孩子可能的健康问题时，我们首先要以一颗包容的心对待。不要过早给孩子的情况下定义、贴标签。首先我们要有信心，相信自己和孩子能够共同克服困难。其次，我们需要与孩子进行坦诚而温和的沟通，倾听他们的感受和想法，并给予理解和支持，以此帮助他们建立自信。孩子们是非常敏感的，如果他们能够理解和接纳自己的情况，那么适当的指导和关怀将帮助他们变得更加坚韧。最后，我们也应该与孩子的老师建立良好的沟通，让老师及时了解孩子的情况并给予适当的帮助，共同为孩子创造一个理解和支持的教育环境。

每个人都有“特殊”的一面，我们应该更加理智地对待特殊儿童的特殊性，更加有针对性地发掘他们的长处，给他们制定合适的发展目标。在保护孩子的基础上，鼓励孩子参加集体活动，不要过分保护孩子而禁锢孩子的人际交往。

天才儿童的教育也很重要。他们在某个方面的能力远超出普通儿童，可能一部分儿童不用过分努力也能学得很好；一部分儿童有着超乎常人的逻辑推理能力、记忆力等。这些儿童是少数人群，由于他们的能力超乎常人，导致他们看到的世界和同龄人是不一样的，所以他们在受到周围人羡慕和赞赏的同时，也承受着压力。

案例

小霏是一个天才儿童，三四岁就能阅读，从小成绩非常好，不用特别努力也可以获得很好的成绩，周围人都说小霏特别省心，从小不用家长费心就能够自己管好自己。但在班级里，小霏并不受欢迎，因为她的思维发展过于超前，无法融入同龄人的谈话和交流，周围的同学都认为她是一个奇怪的孩子，不愿意和她一起玩。比如，幼儿园大班的时候，大家一起在沙池里面活动，小霏对蕾蕾说：“你赶紧把鞋子穿上!”蕾蕾感觉大家都光着脚一起玩，为什么只对她说呢？实际上，两年前在同样的地点，蕾蕾被沙池里面的东西弄伤了脚，当时小霏在场，她只有3岁，只有她一个人能够敏锐地觉察到这一点并且记得。但蕾蕾却觉得小霏针对她，觉得小霏太难相处，之后也不愿和小霏玩了。小霏也经常因为无法和同龄人玩到一起而感到很孤独。

小霏由于自身能力的特殊性，常常显得“曲高和寡”，在班级上也无法融入同学。像小霏这样的天才儿童，可能都承受着类似的社交困难，感受到孤独。天才儿童通常具备独特的个性，需要定制个性化的教育方案，以帮助他们充分发挥自身的潜能，也帮助他们处理人际上面临的困难和挑战。

三、特殊儿童的干预

家庭和学校是儿童活动最多的两个场所，这一现状决定了家长和教师对儿童干预的重要性。家长了解一定可操作的干预技巧，既能缓解自己内心的焦虑，也能帮助孩子树立自信心。对于特殊儿童来说，游戏是特别适用的干预手段，操作性较强，也有趣味性。在游戏的过程中，有以下三个原则：首先，要和孩子建立友好的游戏关系；其次，游戏中应包含教育因素，不能是单纯的玩耍；最后，根据不同特殊儿童的需要选择相应的训练游戏。

1. 视障儿童的游戏

视障儿童的游戏关键是将视觉信息转化为听觉信息和触觉信息，要充分利用儿童剩余视力，调动其他感官参与发展，充分发挥其潜能，补偿其缺陷。

(1)响棒摇铃：通过摇动响铃，发出响声，视障儿童听到声响做出反应之后，成人将儿童的手放在响铃上，建立耳—手学习链(普通儿童是耳—眼—手)，培养儿童用手探索外部世界的习惯。每次与视障儿童互动时，要根据节奏摇动响铃，培养视障儿童的韵律感。

(2)玩捉迷藏：成人不断说："宝贝，宝贝在哪里?"只要孩子伸手，成人就把脸接近孩子，并回答："啊，在这里呀!"这样的游戏能够建立孩子的客观存在意识，提高孩子听觉方向的辨别能力。等孩子能行走之后，再玩普通的捉迷藏游戏，提升听觉定位、触觉辨别、定向行走等能力。游戏过程中需要切记：可以当孩子的眼，千万不要做孩子的手，言语指导胜过包办代替。

2. 听障儿童的游戏

听觉障碍儿童大多敏感，对周围的刺激会产生剧烈的情绪波动，喜欢沉浸在自己的世界里。所以，听障儿童的游戏应立足于培养他们乐观、积极向上的健康情绪。

(1)听觉唤醒：在听障儿童不注意的时候，通过摇动摇铃、敲打物品、拍手等行为，刺激其剩余听力，唤醒听觉注意，激活听觉，使其重新发挥功能。只要儿童能做出突然转头、注目、停止活动等行为，马上给予互动奖赏。

(2)听觉辨别：在能够察觉声音后，要通过特征明显的不同音乐，让儿童学会分辨声音的发出物。比如，小鸡是“叽叽叽”、公鸡是“喔喔喔”、火车是“呜呜呜”，锻炼儿童区分声音的能力。

(3)促进合作和交流：和孩子玩情景类游戏，如角色扮演，促进孩子合作交流能力的发展以及帮助孩子树立规则意识，在游戏中学会交流。

3. 肢体障碍儿童的游戏

肢体障碍的儿童由于客观的物理限制，对自己的身体不自信、心理敏感，在游戏的过程中能够帮助训练其肢体技能，帮助提高其对肢体的掌握度。和他们的游戏可以在室内进行，在保证孩子安全的基础上，减轻孩子在室外被很多人看到的心理障碍，然后慢慢转移到空旷的室外。肢体障碍儿童的游戏可以从操作简单的游戏开始，例如，通过下象棋帮助孩子提高对肢体的控制力。此外，还可以开展类似康复功能的游戏，如肌肉放松、两人三足等提高运动协调能力的游戏。

4. 智障儿童的游戏

智障儿童的游戏形式必须简单，过程充满乐趣，内容不能复杂。

(1)老鹰抓小鸡：粗大动作类游戏是他们乐此不疲的游戏，既能充分锻炼大肌肉的灵活性，又能培养其社会交往能力，有助于其获得成就感和满足感。

(2)动物模仿：动物是最能引起他们关注和最便于交流的自然环境要素，利用他们对动物的认同感和同情心设计游戏，模仿某种动物的叫声、动作和形态等，让对方猜猜是什么动物，并纠正对方的错误，然后角色互换。

(3)角色扮演：社会发展类游戏，俗称"过家家"。模仿成年人日常生活，一个人或几个人都可进行。帮助他们发展想象力、了解和学习社会生活、体验并遵守社会规范、促进人际交往技能提升。智障儿童缺少认识和融入环境的主动性，在游戏中要设法激发其对外部世界的动机，培养其与环境互动的兴趣，通过正面评价、奖励等方式维系其游戏的参与度。

5. 孤独症儿童的游戏

对孤独症儿童来说，游戏的虚拟性、非生产性和愉悦性能使他们放松身心。

(1)投其所好：孤独症儿童喜欢长时间进行单一的游戏，刻板行为能满足自我刺激的需要，为了让其转化到更有意义的活动中来，设计游戏时就需要"投其所好"。比如，与他一起长时间敲击某物(带领他敲出节奏—变化节奏—敲击其他物品)、旋转物品或转圈跑(跟着他一起转—边转边加某个动作—只做这个动作)，从而在轻松的游戏中改变其游戏没有目标、没有方向的特点。

(2)想象扮演：鼓励孩子运用想象力自由扮演所喜欢的"角色"，如给他一个针筒，让他扮演医生看病的情形；给他一个恐龙玩具，让他跟恐龙对话。

6. 言语障碍儿童的游戏

言语障碍的儿童对自己在公共场合开口说话不自信，游戏可以帮助其发展言语能力。例如，帮助幼儿进行呼吸训练或放松训练；做一些感觉统合游戏，如手指操、口腔操等；还可以发展一些象征类的游戏，帮助孩子体验不用开口说话也能够交流，发展其他方面的积极点，提高孩子的自信心。

很多特殊儿童的情感体验无法用语言表达，他们可以通过游戏的方式把喜怒哀乐宣泄出来，既体验到快乐成功的情绪，又可以宣泄压抑悲伤的情绪，还可以学会怎样去控制自己的情绪。因此，游戏对于特殊儿童来说是一个很好的干预方法。

第二章　爱的关系

很多家长学习家庭教育，总是有一个期待，希望专家传授给他们一些锦囊妙计，能解决在养育孩子的过程中遇到的每一个具体的问题。然而，方法固然重要，更重要的是，家长是否与孩子建立起了安全有爱的关系。不知道家长们有没有听说过一个牧羊人的故事。牧羊人放羊的时候，羊群吃完草之后四处溜达，回来的时候身上经常粘满了荆棘疙瘩。但是牧羊人并不会着急把羊身上的荆棘疙瘩拽下来，而是非常淡定地往羊身上淋一层厚厚的油膏，然后就去做其他事情了。等过上一阵子，神奇的事情就发生了，油膏慢慢浸润了羊毛，于是粘在上面的荆棘疙瘩很多就顺着油膏滑落下来，即使还没有自动滑落的疙瘩，牧羊人用手轻轻一捋，也就都从羊身上掉下来了。其实养孩子就跟牧羊人放羊的过程是差不多的。家长在养孩子的过程中会遇到各种各样的问题，比如，孩子突然不想上学了，跟同学打架了，考试不及格了，等等，家长出于本能，要赶紧把孩子这一个一个的问题处理掉，就像要急着拔掉羊身上粘的荆棘疙瘩一样，家长会幻想着这些“荆棘疙瘩”拔掉了，就没有问题了。可是，如果牧羊人不顾羊的感受，直接把荆棘疙瘩从羊毛上拽下来，这种巨大的摩擦力就会让羊感受到剧烈的疼痛，从而产生本能的自我保护和对抗反应，甚至与牧羊人之间产生剧烈的冲突，这样不仅荆棘疙瘩没有清除，牧羊人与羊的关系也变得糟糕。因此，聪明的牧羊人不会这么干，他们往羊身上淋的那层厚厚的油膏，起到了很好的润滑剂的作用，让荆棘疙瘩在宽松而没有对抗的氛围中得以清除。在教育孩子的过程中，爱的关系就像那层厚厚的油膏。家长与孩子之间如果能建立起充满爱的关系，便既可以预防问题的出现，也可以在问题出现的时候起到润滑剂的作用。

当亲子之间的关系是充满爱的、亲密的、和谐的，就会营造一个安全、轻松、信任的氛围，这是教育能够产生作用的前提，因为在这样的氛围中，孩子才更有可能听得进去家长的道理和建议，愿意接受家长的要求，家长才可能对孩子产生真正的影响，教育就会事半功倍。反之，如果亲子之间关系疏离或者矛盾重重，家长的管教不仅不管用，甚至还会引发负面效果。

不过，要建立真正爱的关系并非易事。现实生活中，许多家长打着“都是为了孩子好”的旗号去爱孩子，而忽略了孩子的需要是什么以及什么样的爱是恰到好处的，造成的结果就是对孩子过度关注、包办孩子一切事情、牺牲自我以满足孩子……这些都是不恰当的爱，容易造成亲子关系紧张甚至异化，不利于孩子的健康发展，因此需要家长及时觉察自己的教育理念和教育行为是否得当，并进行及时的调整。

鲁道夫·德雷克斯(R. Dreikurs)认为，孩子追求的首要目标是归属感和价值感。对于孩子来说，家庭是孩子获得归属感最重要的地方，爱的关系是孩子健康发展的关键。高质量的爱，是共情，是陪伴，是关怀，需要家长能够尊重孩子的个性，把握住不同时期孩子的心理特征和相对应的沟通方法，耐心倾听他们的话语，用心理解他们的内心世界。高质量的爱会让孩子相信自己在家长心目中是重要的，是被重视的，从而感受到归属感和价值感。

本章以德雷克斯的理念为基础，通过简洁的文字和生动的案例，介绍爱的误区、爱的表达、亲子时光三个方面的内容，从而帮助家长走出养育孩子的误区，读懂孩子的爱语，并学会通过恰当的方式表达对孩子的爱意，以平等的姿态和态度与孩子交谈。“爱与归属”是所有人的愿望，而高质量的爱，则会让孩子体会到家庭的温暖，体会到家庭的珍贵和自我的价值。在第一章的基础上，家长已经基本了解了孩子的成长规律和个性特征，希望通过本章的内容，家长们能掌握与孩子交流的有效技巧，选择用孩子乐于接受的方式进行教育，进而引导孩子形成健全的人格。

第一节　爱的误区

教育孩子如同养育花朵，只有精心地呵护，适当地浇水施肥，花才会开得更美。但事实上，看似简单的浇水施肥，也不是所有人都能按照“标准流程”把花养好，因为浇水施肥的时机与量的把握很重要。家庭教育也是如此，许多家长在教育孩子的时候，常常会陷入不同的误区，本以为是用爱浇灌孩子，却给孩子的成长造成不可逆的伤害。那就先来看看，存在哪些“爱”孩子的误区。

一、爱不等于过度关注

很多家长都会误以为，爱孩子就是要把所有最好的东西给孩子，给孩子无微不至的关怀和照顾。没错，家长对孩子的关注至关重要，因为这让孩子感受到自己在家长心目中是重要的。不过，家长需要知道“适度关注”和“过度关注”的区别，如果关注过度，不仅不利于孩子的健康成长，甚至还可能阻碍孩子的成长。

案例

小美的妈妈在厨房里面忙得热火朝天，5 岁的小美自己没玩一会儿就过来找妈妈："妈妈，我的识字卡片你看到了吗?"小美妈妈赶紧把火关掉，匆忙去帮小美找识字卡片。小美妈妈刚回到厨房没几分钟，小美又过来说："妈妈，我现在想玩拼图，你陪我一起玩吧!"小美妈妈跟她解释："妈妈在做饭，锅里煮着东西，走不开，你自己先去把拼图找出来，我做完饭陪你玩。"被妈妈拒绝的小美马上表现出不高兴，抱怨妈妈不爱她了，并缠着妈妈跟她一起去找拼图然后陪她一起玩，并拉着妈妈的围裙，不让妈妈做饭。妈妈让小美先离开厨房，自己做完饭就去陪她找拼图然后一起玩，可没想到小美直接坐在厨房地板上开始哭闹起来，吵着说如果妈妈不陪她玩拼图，她就一直坐在厨房不走。妈妈实在没办法，只好先关火、暂停做饭，答应她先陪她去找拼图，陪她一起玩一会儿。最终当达到所有目的之后，小美的情绪才慢慢平复下来。

孩子需要家长的关注，家长在恰当的时机给予适当的回应、陪伴和帮助，这些都是没有错的。但是，并不是孩子所有寻求关注的行为，家长都要无条件满足。家长要学会分辨适度关注与过度关注的区别。对此，需要掌握两个要点：(1)家长要判断孩子的目标行为与情境需求的符合程度。一个拥有良好自我认知的孩子会显得更"通情达理"，不会要求家长时时刻刻都围着自己转，而是明白家长除了照顾和陪伴自己，还有很多别的事情要做。即使家长没有时刻关注自己，他(她)也能感到自己是被爱的，在家长心目中是重要的。而一个想要得到过度关注的孩子，则会认为家长的一切行动都要以他(她)为中心，一旦家长离开他(她)去干别的事情或者一时忽视了他(她)的需求，他(她)就认为自己没有价值了，因为他(她)的自我价值完全取决于家长有没有时刻关注和满足他(她)的需求。(2)家长要觉察和反思自己的感受和行为。当家长停下所有事情去关注、陪伴和帮助孩子，是因为孩子不停地发出需要被关注的信号，家长不得已而为之，还是客观上孩子真的需要关注？若家长的判断倾向于第一种情况，那么这就属于孩子的“过度关注”需要，家长要保持警惕。

为什么有些孩子会过度寻求家长的关注呢？可能有以下两种原因。(1)需求从未被满足过。孩子的大部分需求得到了回应和满足，就会发展出安全感、自我价值感。但如果孩子的需求总是被忽视或拒绝，未被满足的需求感就会越来越强烈，孩子可能就会想方设法成为他人关注的中心和焦点，以此来获得安全感，进而通过极端的方式寻求关注，如频繁的哭闹、装病等。(2)需求总是被立即满足。许多家长不会理性地对待孩子的需求，只要孩子需要，就立即满足，从不拒绝，也绝不拖延，生怕孩子受一点儿委屈。孩子想要手机就立即买给他，也不管合不合适，孩子哭闹就立即哄他，也不管什么原因。长期的即刻满足对于孩子的发展存在很多隐患，不仅容易让孩子变得以自我为中心、自私自利，还容易让孩子对家长产生过度依赖，难以建立独立性和责任感。

案例中的小美就属于第二类，从小到大，小美妈妈都是以小美为中心，生活都围着她转，不管小美需要什么，总是第一时间满足她，很少拒绝孩子，久而久之，就让小美形成了“只要我想要，妈妈就会满足我”的不合理信念。当她没有被妈妈关注的时候，她就会感觉自己没有价值、被抛弃，就会开始产生不满和愤怒，指责妈妈，甚至做出哭闹不止、摔东西、打人等行为以达到自己的目的，确认自己的价值。如果她的这些极端行为引起了妈妈的注意，并得到了妈妈的回应，她才会消停；如果她感觉到妈妈不理她，就又会反复通过这样的行为来寻求妈妈的关注，如此恶性循环。

心理学上有个概念，叫作“延迟满足”，指个体为了得到更长远而有利的结果，暂时放弃即时满足带来的短浅利益，在这个等待的过程中锻炼自己的自控能力。最典型的例子是著名的棉花糖实验，该实验证明了延迟满足对孩子成长的意义，能够延迟满足的孩子可以更好地调控自己的情绪和行为，心理更加健康，在以后的学习和工作中都会获得更好的成绩。

那么，当孩子表现出过度寻求关注的行为时，家长要怎么做呢？家长可以按照以下四个步骤对孩子进行回应。

第一步：平和地回应孩子，但坚持自己的原则，做自己该做的事情。这就意味着，保持温柔的态度，但是要坚定地拒绝孩子的不合理要求。当案例中的妈妈在厨房忙得不可开交的时候，小美第一次问妈妈："妈妈，我的识字卡片你看到了吗?"案例中的妈妈立即停下厨房的事情，去帮小美找卡片，这是一种不恰当的处理方式，即过度关注、过度满足。因为当时的情形是妈妈自己在厨房的工作更紧急、更离不开她。恰当的处理方式应该是适度关注、适度满足，例如，妈妈愉快地回应女儿："妈妈现在忙着做今天的晚饭呢！宝贝你先自己找一下，如果找不到，等妈妈做完饭，再帮你一起想办法，好吗?"在这个过程中，小美可能会恼怒妈妈没有立即满足自己的需求，这时妈妈需要暂时忽略她的小脾气，保持情绪平和，继续做事，让孩子接受规律和顺应环境。这样，小美妈妈通过态度温和且及时的回应，让小美感受到自己的重要性和被尊重。这种正面的反馈有助于小美建立起良好的自我价值感，让她明白自己在家庭中是受重视和爱护的。这种自我价值感是孩子健康成长的重要基石，能够促使她更加自信地面对生活中的挑战。同时，小美妈妈没有立即满足小美的无理要求，这一行为实际上是在引导小美学会等待、理解和尊重他人。通过这种方式，小美逐渐意识到，即使是最亲近的人(如妈妈)也有自己的事务和责任，不能总是立即满足她的所有需求。这种认识有助于培养小美的独立性和责任感，让她学会在合理范围内自我满足，理解并尊重他人的时间和空间。

第二步：训练孩子自我满足。案例中的小美自己没玩几分钟就过来找妈妈，对妈妈说："妈妈，我现在想玩拼图，你陪我一起玩吧!"小美好像已经习惯了一直缠着妈妈，其实是因为如果不能时时刻刻都得到妈妈的关注，她就会感到不安，就会产生自我怀疑。妈妈要清楚地知道，如果自己一味满足孩子的所有需求，不仅不会让孩子真正产生"满足感"，反而会形成恶性循环，让小美越来越不知足。因此，只有训练孩子学会自我满足，这样对小美长远的发展才更有利。妈妈可以跟小美说："小美，妈妈现在正在厨房做饭，暂时没有时间陪你玩拼图，你可以先自己玩会儿吗?"这个时候，可能小美不答应，还会缠着要妈妈陪她一起玩，但妈妈要坚定立场，继续做自己的事情，但妈妈需要保持态度友好，情绪稳定，可以继续温柔地回应小美："对不起宝贝，妈妈真的很想陪你，可是现在厨房离不开妈妈哦!"

第三步：给孩子选择的机会，提高合作意愿。如果小美被妈妈多次拒绝后，仍旧缠着妈妈，这个时候妈妈可以怎么做呢？妈妈可以给小美提供一些选项，让孩子有选择的机会。妈妈可以说："小美，妈妈现在需要在厨房做饭，如果现在陪你玩拼图，就做不了饭了，你是想现在妈妈陪你玩拼图，我们都饿肚子呢？还是妈妈先做完饭，30分钟之后，妈妈再陪你玩一会儿呢?"给孩子提供选择，增加她合作的意愿。整个过程妈妈要注意保持情绪稳定，不急不躁。

第四步：当孩子愿意合作或者表现良好，家长要给予适当且及时的夸奖和肯定，提高其价值感。当小美不再缠着妈妈，可以自己玩的时候，妈妈可以说："小美，这样真好，妈妈看见你能自己玩拼图，还拼得这么好，你真是太能干了!"当孩子不再寻求过度关注，而是学会自我满足，家长可以适时夸赞他(她)，以强化这一正面行为。

其实很多时候，对孩子过度关注也会反映家长自身的需求，可能是因为家长离不开孩子，需要通过对孩子的陪伴和过度关注以缓解家长内心的孤独、恐惧和害怕，只是很多家长并没有意识到这一点。就像小美妈妈，无法拒绝孩子的不合理要求，总是无限度满足孩子，是因为她害怕女儿生气、不开心，担心女儿受伤，也担心女儿不再爱她，因此她即使忙得筋疲力尽也不能跟孩子说“不”，要尽力满足孩子所有的需求。孩子是在体验中学会独立的，家长如果一直不肯放手，看似对孩子的关怀备至，其实是在剥夺孩子成长的机会。

二、爱不等于包办一切

在日常生活中，家长出于对孩子的心疼和关心，怕孩子受苦，怕孩子受伤，便会有一种“我要呵护孩子”的想法，进而把孩子的一切都包揽在自己身上，什么都不放心让孩子自己去做。家长这种包办代替，不仅会让孩子失去自我照顾的能力，还会使孩子产生焦虑、退缩感。

案例

莉莉 2 岁的时候，已经走得很稳，可莉莉妈妈还是选择抱着莉莉，怕她摔跤。莉莉 4 岁的时候，本可以自己吃饭，但莉莉妈妈担心孩子把饭弄撒，选择给莉莉喂饭。莉莉上小学一年级了，可以自己背书包，但是每次一放学，莉莉妈妈还是会顺手帮莉莉拎包，怕孩子累着。莉莉上初一，有一次学校组织郊游，可以邀请父母一起参加，所以莉莉的父母跟着一起去了。在游玩的过程中，妈妈忙得不得了，一会儿提醒莉莉去喝水，一会儿给莉莉夹菜，一会儿给莉莉扇扇子，处处体现着家长对孩子的关爱。看似莉莉妈妈把莉莉照顾得非常好，但是莉莉并不领情，莉莉认为自己已经上初中了，长大了，妈妈这种无微不至的照顾让她觉得在同学面前很丢人。

案例当中的场景，相信很多家长都很熟悉。然而这种包办代替看似出于对孩子的爱，但其实透露出了其他信息。(1)透露出家长对孩子的不放心、不信任。哪怕孩子能够独立完成的事情，家长还是不放心，选择“替”她去做，这无形中剥夺了孩子自主发展的机会和权利，也难以建立孩子对自我能力的信心，长此以往，这些被过度保护的孩子被养成“巨婴”，出现“啃老”的行为，就在所难免了。(2)透露出家长对孩子的过度控制。“过度控制”就是要让孩子顺着家长的意思去做，最终得到自己想要的结果，而不接受和自己相左的言论和行为。家长这种“过度控制”，折射出家长内心处于一种匮乏的状态，需要孩子的顺从去弥补和填充，只将孩子视为一个容纳家长期望与需求的容器，却没有将孩子视为有独立思想和行事能力的个体。这种包办一切的爱，很多时候孩子并不“领情”，尤其是随着孩子年龄的增长，就会越来越对这种爱感到窒息和反感。就像案例中莉莉妈妈越是无微不至地照顾莉莉，莉莉就越发讨厌妈妈。因为莉莉觉得妈妈总是担心这儿，担心那儿，根本没考虑过她真实的想法，没有把她当作独立个体看待，也不相信她有能力处理好各种事情，莉莉感觉很压抑、挫败。由此可以看出，莉莉妈妈看似对孩子“无微不至”的关爱，其实内心深处更多是希望用“过度控制”孩子的方式降低自己的焦虑感、不安感。(3)透露出家长对孩子的高要求和高期望。家长一方面对孩子有着完美的期待，另一方面又不相信孩子可以自己做到这么好，因此就会事无巨细地帮助孩子完成，不给孩子自己试错的机会，实际上也是剥夺了孩子自主学习的权利，剥夺了孩子通过自身努力取得成功后的愉悦体验。这可能就会让孩子最终陷入一个僵局，虽不认同却又离不开家长的包办代替。

家长做不到一辈子保护孩子，但是家长有责任和义务，训练并培养孩子独立面对问题、解决问题的能力，以便日后能自行应对生活中的坎坷起伏。那么家长如何培养孩子的独立性，避免对孩子过度保护呢？

1. 家长要学会自我觉察

各位家长是否由于经常担忧孩子做不好，对孩子过分控制，对孩子的期望太高，从而导致代替孩子做很多事？爱孩子本是人类的天性，但家长必须要知道“包办代替”和“尽职尽责”的差异，而区别的关键在于孩子的参与度。在包办代替的亲子互动中，孩子基本上什么都不会参与，他们只是被服务的一方(也可能是被批评和指责的对象)，而在尽职尽责的亲子互动中，孩子是参与主体，并非只是被服务的对象，家长则主要起到辅助、引导、督促的作用。就拿案例中的莉莉来说，无论是走路、吃饭，还是拎包，她都只是母亲照顾的对象，并没有真正地参与其中。莉莉妈妈应该明白，孩子成长中的各项事务都是需要孩子自己去完成的，家长只是扮演“脚手架”的角色，在需要时提供适当的辅助和支持，而不是完全“代替”孩子完成。

2. 家长要克制住自己急着帮孩子的冲动，与孩子之间保持安全距离

家长需要把自主解决问题的机会和权利交还给孩子，先给孩子一些空间，看看孩子会怎么做。家长或许会惊讶地发现，只要家长能够耐心等待，孩子不用家长的帮助，很多时候也能够顺利地解决问题。以案例中的莉莉为例，莉莉 4 岁的时候，可以自己吃饭，虽然可能会吃得桌子和地上都有饭粒，但并不影响她吃饱一顿饭。妈妈要做的是在莉莉能够独立吃完一顿饭的时候给予肯定和鼓励，而不是担心莉莉把饭弄撒，就剥夺她自己吃饭的权利，这就有点“因噎废食”了。莉莉明明可以自己完成的事情，哪怕她自己多么想尝试，她自己可以做得多么好，因为妈妈剥夺了她的权利，她自然也没有成长和进步的空间和机会了。

当然，有的时候孩子可能无法独立解决问题，这个时候家长更需要耐心地等待一会儿，等孩子遇到困难后主动求助家长。这个帮忙不一定是真的帮孩子直接提供解决问题的方法，而是可以跟孩子一起通过头脑风暴的方法，找到一些孩子能够动手并解决问题的办法。

案例

8 岁的晶晶在收拾自己房间的时候，看见堆积如山的衣服，不知道怎么整理，哪怕她一件一件把衣服叠得整整齐齐，可看着还是很乱。

这个时候，妈妈问："晶晶，你希望妈妈来帮帮你吗?"如果晶晶表示愿意，妈妈可以问："晶晶，妈妈看到你已经把这些衣服叠得很整齐，可感觉你还是不太满意，你觉得我们可以借助一些其他什么工具帮助我们整理吗?"妈妈没有直接过去动手帮晶晶收拾衣服，而是引导晶晶去思考。

晶晶回答："妈妈，我觉得可以用一些收纳箱，不同箱子放不同衣服，比衣服全叠好堆在一起会更好!"于是晶晶自己去找来收纳箱，把衣服进行分类，放入不同的箱子，再整齐地放进衣柜。

在这个过程中，妈妈远远观望，适时提供引导和协助，但最终会让晶晶感觉是自己独立解决了收纳的难题，这既锻炼了晶晶的思考和行为能力，又提升了其自主解决问题的信心。

家长一定要知道，不包办代替并不意味着家长不管不问。在孩子成长的过程中，家长应退位而不是缺位，家长不能"代替"而要"支持"孩子的发展，让孩子学会解决自己生活中遇到的难题。当孩子掌握了这些技能以后，孩子就可以自信、自由地成长，即使没有家长的庇护，也能够成为一个健康、优秀的人。

三、爱不等于自我牺牲

家长适当满足孩子的一些需求是人之常情，但如果家长为了博得孩子的欢心，或换取亲子关系的和谐，而毫无原则地牺牲自我，那么最终孩子不仅不会感恩家长的付出和牺牲，还会成为一个极度以自我为中心的人。

案例

小帅的妈妈是一家保险公司的主管，做事干练，雷厉风行。但是自从小帅上了初中之后，妈妈希望孩子考个好一点的公立高中，于是辞掉了自己的工作，全身心地投入到照顾小帅的日常起居中。因为收入减少了，妈妈平时对自己就比较节约，能省即省，但是对小帅还是竭尽所能地给予他最好的。比如吃排骨的时候，妈妈总是把最嫩的肋排留给儿子，自己吃不好啃的边角料。妈妈舍得给小帅买限量版的名牌鞋子，自己却穿打折的鞋。但妈妈的自我牺牲并没有换来预想的回报。

在初三的一模考试中，小帅考得不理想，妈妈很生气，在家里冲小帅怒吼道："你能不能有点出息，我为你付出了这么多，辞掉了工作，一天天省吃俭用，供你上学，你才考这么一点儿分数！这点分数上得了哪所重点高中?!"小帅压抑了许久，也生气地说道："我又没有要你为我付出那么多。初中这几年，我就怕让你失望，逼自己学习，天天熬夜，你知道我每天睡觉都在做噩梦吗？你的付出并不是爱我，只是为了让我考个好分数！你想读书，你就自己去读，这种生活我真的要窒息了！"

相信很多中国家长跟小帅妈妈一样，为了孩子，牺牲自己的工作、兴趣爱好、娱乐的时间，一心扑在孩子身上，自己舍不得吃穿，把好东西都留给孩子，不舍得让孩子做家务活，只要孩子好好学习就行。为什么这些家长会为孩子无限度的付出甚至自我牺牲呢？可能有以下三个原因。(1)证明自己是一个“好家长”。他们往往会在孩子面前不断强调自己的付出，以此来获得孩子的认同和感激。付出越多，就越能证明自己的伟大。(2)对童年未满足需求的心理补偿。很多家长在自己还是孩子的时候，因为家里没有条件，某些需求没法得到满足，如喜欢的玩具、家长的陪伴、上大学的机会等。在养儿育女的过程中，家长就巴不得将自己童年所缺的一股脑儿地给孩子，这在心理学上叫作“过度补偿”。当看到孩子被满足时，自己也有种“代替满足”的感觉。(3)获得一种控制感和肯定感。过度付出和牺牲的家长很难信任他人，会觉得外界是不可控的，只有孩子是可控的。对孩子的付出能够获得回报，即使没有回报，也可以将责任推卸到孩子身上。因此，这类家长会觉得为孩子无条件地付出和牺牲是有意义和价值的，但他们往往对孩子也伴有高度的“心理控制”，如果孩子没有按照自己的期待生活和学习，就会通过“道德绑架”让孩子产生内疚感，从而听从家长的安排。

案例中的小帅妈妈属于第二类过度补偿型家长。小帅的妈妈上中学的时候，一开始学习还算不错，但到了初二，她只顾和同学玩耍，导致学习成绩下滑，到了初三，成绩不好，只能读中专。参加工作后，她没有文凭，吃尽了苦头，虽然靠着自己的本事当上了一家保险公司的主管，但是每当想起初二时她没有把心思放在学习上，就觉得非常遗憾。于是，小帅上了初中，她就果断辞职，全心全意地照顾小帅，希望小帅不要走她的老路，考个重点高中，以后再考个好大学，少吃一点儿读书少的亏。这其实属于妈妈把自己没有完成的梦想强加在了孩子身上，虽然也是好心，但是忽视了孩子的想法和感受，给孩子造成了很大的压力。

这种牺牲式教育，虽然是出于家长对孩子的爱和责任感，但其中也隐藏着一些潜在的负面影响。(1)可能导致孩子总是以自我为中心。当家长为了孩子的教育和生活牺牲自己的事业、兴趣爱好和社交活动，孩子可能会无形中变得以自我为中心，他们可能将家长的牺牲视为理所当然，缺乏尊重、感恩和孝心。比如，在孩子小的时候，家长想方设法让孩子进入好学校，花几百万买学区房，甚至双方轮番辞职照顾孩子，每天给他准备不重样的营养餐。孩子除了学习，什么都不用管，家务也不用做。孩子上了大学，迷上了网络游戏，还不停跟家长要钱充值、买装备，说得最多的话就是："小时候你们什么都给我，现在给我点钱又怎么了!"完全不能体会家长的辛苦和不容易。这就是家长过度牺牲所带来的风险隐患。(2)可能导致孩子习惯性自我贬低。许多家长"苦情戏式""自我感动式"的付出和牺牲，其背后带有隐性的期盼，比如，希望孩子有出息，希望孩子懂得感恩，希望孩子听话懂事、好好学习……就像案例中的小帅妈妈辞掉工作，省吃俭用，专心照顾孩子，是希望孩子能考上好的高中，这种隐性的期盼会给孩子带来极大的"窒息感"和"压抑感"，当孩子达不到家长的期望和要求，就会产生深深的内疚感、自责感，觉得自己没有任何价值，习惯性产生自我贬低和自我怀疑，认为自己不配得到别人的付出和爱。

家长过度的付出和自我牺牲并不会收获身心健康、成绩优异的孩子，反而可能带给孩子巨大的压力和心理负担，给孩子埋下心理问题的隐患。因此家长爱孩子要有底线，不能毫无节制，甚至通过自我牺牲去取悦孩子。那么，具体应该怎么做呢?

1. 家长要跟孩子"客体分离"，学会自我关怀

"客体分离"是一个心理学上的概念，指的是每个人必须对自己负责，要把自己和他人"客体"区分开。自我牺牲式家长，长时间把精力放在孩子身上，将自身价值寄托在孩子身上，好像只有看到孩子开心，他们才能找到自己存在的价值和意义，至于家长自己喜欢什么、想要什么，那都不重要了。这样的家长会在日复一日的付出中失去自我，感到疲惫和迷茫。试想一下，一个总是牺牲自我去满足孩子的家长和一个懂得自我关怀、追求梦想的家长，带给孩子的印象和影响有何不同？前者传递给孩子“爱＝自我牺牲”的信号，不自我牺牲就会有负罪感，后者教会孩子自爱，只有好好爱自己，才有更多的能量去爱别人。

2. 家长要相信孩子，不要越界

当孩子有能力做自己的事情时，要学会主动放手，选择相信孩子。这也是在培养孩子的独立和自主，否则不仅会让孩子产生依赖思想，永远长不大，还可能因此愧疚，觉得自己一无是处，什么都做不好。对孩子最好的教育方式，不是为他打造一个坚实的牢笼，挡住一切来自外界的狂风暴雨，而是勇敢地选择放手，将人生还给孩子，将自由留给自己。

3. 不要把孩子当作自己的人生延续，尊重孩子的选择

家长不要有补偿心理，期待孩子去帮自己圆梦，那样的做法是自私的，因为孩子有自己的梦想需要实现，家长能做的就是尊重孩子的选择，做他们背后的支持者。家长也要懂得为自己的人生负责，而不是把所有的寄托或者未被满足的需求放在孩子身上，跟孩子深度捆绑。

4. 家长要学会拒绝孩子，敢于向孩子说“不”

如果家长觉得孩子的要求是不合理的或者觉察到孩子正在使用一些手段和方法威胁父母，这时家长要坚持自己的原则，不轻易妥协。当然，在坚定拒绝孩子的同时，也要关注孩子的情绪（这一部分在第三章、第四章会有详细的介绍）。需要注意的是，如果家长答应了孩子的要求，也一定要办到；假如实在做不到，就要向孩子解释，并且要跟孩子进行自我检讨，让孩子从心底里理解和原谅家长。如此，孩子才会更容易接受意见。

过度的牺牲不是爱，而是不能承受的负担。希望每位家长都能用更加理性和健康的方式去爱孩子。这样孩子才能成长为自信、独立、有爱心的人。而作为家长，也将在陪伴孩子成长的过程中更轻松，并收获更多的快乐和满足。

相信绝大部分家长对孩子的爱都是毋庸置疑的，至少正在读这本书的你一定是爱孩子的。不过，当爱的表达不当时，不仅不会让孩子感受到爱，而且还可能对孩子的成长带来不良的影响，这是第一节关于“爱的误区”想与家长分享的内容，希望通过这一节的内容能激发家长们的自我觉察与反思，在爱孩子的路上防微杜渐。接下来我们将一起来探讨如何正确、有效地表达对孩子的爱。

第二节　爱的表达

当家长走出养育孩子的“误区”，就要了解孩子不同时期身心的发育特点，读懂孩子爱的语言，并学习用孩子喜欢的爱语向他们表达爱意。“恰到好处”的爱会成为亲子关系的润滑剂，调和彼此的关系。

一、读懂孩子的“爱语”

每个人表达爱和接受爱的方式不同，就像每个人都讲着不同的语言，爱的表达也有不同的语言，只有按照孩子偏好的爱语来表达爱，孩子才能感受到被爱。查普曼博士发现人在接受和表达爱时基本上有五种爱的语言：肯定的言辞、精心的时刻、肢体接触、接受礼物、服务的行动。真正的爱不是用自己熟悉和喜欢的方式来爱对方，而是要投其所好，以对方需要的方式来表达，如果家长能够准确说出孩子最需要的爱语，就会事半功倍，那亲子关系一定会得到意想不到的提升！

爱语一：肯定的言辞

肯定的言辞满足了人内心最深处被欣赏和认可的需要。多说肯定的语言有助于孩子安全感、自信心的建立，如果家长能给孩子一些鼓励和赞美的话语，往往会激发出孩子极大的潜力。

案例

今年5岁的明明，总是把衣服扣子扣错位，妈妈教了好几遍还是不会。久而久之，每当看到明明扣错衣服扣子的时候，妈妈都会发脾气，并将明明训斥一顿。每次被妈妈训斥完，明明一边哭一边急着把衣服穿好，可明明越着急，就越容易犯错。爸爸看到这一场景，就安慰妻子，让她不要着急，慢慢来，建议她在孩子穿衣服有进步的时候，多说一些肯定的话鼓励孩子，可能效果会不一样。于是，妈妈决定做出一些改变。

一天，当明明又把衣服扣子扣错位置的时候，他战战兢兢地等着妈妈的责备，谁知，妈妈不仅没有像以往那样训斥他，反而用温柔的声音对自己说："宝贝，妈妈看到你因为把扣子扣错了，担心妈妈又像之前那样责备你，心里很难过。"明明低着头，沉默不语。妈妈摸摸孩子的头，继续温和地说："宝贝，其实妈妈刚刚仔细地观察了，发现你今天比昨天少扣错了一个，你有很大进步了!"明明抬起头，小心地看了一眼自己的衣服，眼睛亮亮地说："妈妈，真的耶！昨天扣错了4个，今天只扣错了3个!"妈妈点了点头，笑着对明明说："妈妈看到你扣错扣子之后，还在继续努力，不断把扣子解开，再继续扣，妈妈为你这种坚持的态度感到非常高兴和自豪，妈妈为你点赞!"说完，妈妈向明明竖起了大拇指。被妈妈表扬和肯定，明明有点不好意思，小声地说："可是我还是没扣好所有的扣子。"妈妈握着明明的小手，温柔地对他说："宝贝，没有关系，每个小朋友学扣扣子都需要一段时间，我们慢慢学就行了，妈妈会陪着你一起的，妈妈待会儿再重新教你一遍，我们再试试，好不好?"明明使劲地点点头，大声说："好!"接着妈妈又耐心地给明明演示了一遍怎么正确扣衣服扣子。听着妈妈鼓励的话语，在一次次试错中，明明终于学会了正确地扣衣服扣子。

案例中明明的妈妈最开始是用斥责的语气跟明明沟通，数落明明连扣扣子这么简单的事情都不会，就算教了好几遍还是不会，所以很生气。明明被妈妈斥责之后，越发不会扣扣子，从这里可以看出，用呵斥的语气跟孩子沟通只会让孩子越来越恐慌。之后，明明妈妈调整策略，转而用鼓励、肯定的语气跟明明说话，明明反而学会了扣扣子。可见，鼓励、肯定的语气可以帮助孩子建立自信心，引导孩子在不断试错后学会技能。那么肯定的言辞是什么样子的呢?

首先，肯定的言辞不仅包括表扬、赞美、鼓励，也包括直接、正向的情感表达。家长可以用"陈述客观事件＋肯定孩子行为＋表达正向感受"三步法来进行操作。

(1)陈述客观事件：描述事件的过程。用客观、具体、清晰、平等的语言描述事件中孩子的语言和行为，让孩子清楚他做了哪些具体的事情。比如案例中明明妈妈最开始说的："宝贝，妈妈看到你因为把扣子扣错了，担心妈妈又像之前那样责备你，心里很难过。"就是用客观、温和的语气描述孩子在扣扣子事件中的语言和行为，如果家长懂得共情孩子的话，还可以试着把孩子内心的感受表述出来，让孩子感觉到被理解。

(2)肯定孩子行为。用简练的语言表达对孩子行为或情感的肯定，比如案例中明明妈妈说的："宝贝，其实妈妈刚刚仔细地观察了，发现你今天比昨天少扣错了一个，你有很大进步了！"在孩子一遍又一遍的试错中，看到孩子的潜能，在不那么完美的表现中看到孩子的进步，并正向表达出对孩子的表扬和鼓励。在这一步中，家长要注意，不要使用一些空洞、泛泛的虚词"你真棒""你好乖"等，因为没有具体描述行为的夸赞语言会让孩子感觉到敷衍、不清晰。

(3)表达正向感受。家长可以用感受性语言表达自己对这件事情的感受，尽量表达正向的感受，用"我感觉＋温馨、贴心、高兴、开心、自豪"等正向词语。比如，案例中明明妈妈看到孩子在不断试错中的坚持，非常高兴，就直接向明明表达她正向的情感："妈妈看到你扣错扣子之后，还在继续努力，不断把扣子解开，再继续扣，妈妈为你这种坚持的态度感到非常高兴和自豪，妈妈为你点赞！"这样的正向描述显得既真诚又走心，也更能够让孩子感到家长对他满满的"爱意"。在进行这一步时，家长要注意不要着急跟孩子提要求和希望，比如，"如果你能……就更好了"或者"要是你……妈妈就更高兴了"。

其次，肯定言辞中的语气、语调也是非常关键的部分。有些情况下，家长说的话虽然是一样的，但声调不同，传递出来的信号就不一样了。比如，孩子数学考了满分，兴奋地把试卷拿回家给妈妈看，妈妈看了一眼，心里很高兴，但还是用平静的语气说了一句"嗯，不错"，孩子可能会感到一丝失落；相反如果妈妈用惊喜的语气跟孩子说"哇！真不错啊！"，孩子的感觉就完全不一样了。所以家长在表达肯定言辞时，请尝试尽可能以跟语言表达内容相一致的语气、语调去表达自身想法和感受，如果你能开心微笑地说出"你很不错哟！"，那就不要面无表情地说"嗯，不错"。

最后，如果家长认为自己不擅长说"好话"，可以尝试通过以下方法去培养自己：(1)收集词语。准备一个笔记本，把自己看到的或听到的表达表扬、赞美、鼓励、认可的话全都记录下来。同时把孩子的优点罗列出来，匹配出最适合他的肯定的言辞。(2)刻意练习。家长要经常去读一读筛选出来的肯定言辞，当用了其中某句时，在后面标注使用日期。每天跟孩子说不同的赞美、肯定的话，坚持一个月看看效果如何。如果有效，继续坚持，如果无效，则暂停并反思出现了什么问题。(3)间接表达。有些家长当面跟孩子说“好话”可能会不好意思，那可以选择写信、在亲朋好友面前夸奖孩子这些方式去表达对孩子的“爱意”。

爱语二：精心的时刻

精心的时刻是给予孩子全身心的关注，高质量陪伴孩子，从而使孩子觉得他对家长来说是世界上最重要的人。精心的时刻会让孩子觉得自己真正被爱，会增加孩子的安全感，减少他们的消极行为和消极情绪。

案例

李女士有三个孩子，每个孩子都挺可爱的。她们家的老二非常懂事，特别体贴妈妈。逛超市经常会帮妈妈提东西，回家会帮妈妈按摩。但是她也是家里发脾气最多的一个，气不顺就会和妈妈吵架，有时母女俩甚至会纠缠两三个小时。李女士感到非常的困惑，向心理老师倾诉。

心理老师就问了李女士一个问题：“如果老二不纠缠你的时候，你会不会关注到她?”她说：“好像是啊。当她乖的时候，是比较容易忽视她。因为她没有姐姐那么优秀、那么耀眼，也没有妹妹那么可爱、那么萌。”听到李女士这么说，心理老师就明白了，当老二没有姐姐那么耀眼，也没有妹妹那么可爱的时候，妈妈的精力就会自然而然分给姐姐和妹妹多一些。但是对于老二来说，她也需要被关注和爱。

当这个需求总是得不到满足的时候，她就会愤怒、抱怨、不满，并与妈妈发生冲突矛盾。

心理老师将自己的分析告诉了李女士，李女士接着就问要怎么办呢？需要做什么？心理老师就说："很简单，当三个孩子在一起的时候，你很容易忽视老二。那么你就要给予她专属的爱、专属的关注。每周末有两天的时间，每天拿出一个小时只陪老二。陪她做什么事情都可以，看书、做拼图、画画、出去散步、逛超市都可以。但前提就是这一个小时是专属给老二的。"然后李女士就按照心理老师说的去尝试了。一个月以后，李女士给心理老师打电话："老师，我按照你说的方法去实践了一个月，发现她就是缺乏我的这种专属的关注。我给她每天一个小时专属的关注以后，发现她的气顺多了，发脾气变少了，而且变得更甜美了。"

"同胞争宠"是二孩、三孩家庭常见的现象之一，发生这种现象的根本原因是孩子感觉到被忽视、被爱得不够。很多家里的老大都会产生"爸爸妈妈生了弟弟妹妹就不喜欢我了"这种想法，于是衍生出各种各样的行为问题。那在平时的生活中，家长具体要怎样为孩子创造精心的时刻呢？

(1)家长愿意陪伴自己的孩子，就迈出了重要的一步。有的家长是不是会觉得精心时刻需要有特别精心的安排，比如一定要专门陪孩子去游乐园，或者去某个主题餐厅？其实不然，很多时候，只要家长愿意花时间陪伴孩子，哪怕是在家单独陪孩子玩一会儿五子棋，也算精心的时刻，只要这是孩子喜欢的事情。

但是，在给予精心陪伴的时候，家长要觉察自己是真心实意在陪伴孩子，还是只做做样子。举个例子，孩子希望妈妈陪她一起读书，妈妈答应陪孩子一起读书，但刚坐下来陪孩子读一会儿，又起来去看厨房的汤煲得怎么样了，过会儿又去门口查看今天的快递送到了没有，再到后面就直接跟孩子说："你自己先读一会儿吧，我去做饭了，爸爸说6点回来吃晚饭。"炒完菜之后，妈妈又过来做做样子，跟孩子一起读书。这个妈妈虽然看似在孩子身边陪伴着孩子，其实是"人在心不在"，并没有关注孩子的状态，就很难把亲子阅读变成她和孩子的精心时刻。

(2)精心的时刻需要家长与孩子有正面的眼神接触，而且尽量是愉快的、充满爱的眼神接触，而不是责备、嫌弃、厌烦的眼神。用关爱的眼神直视孩子是一种有效的沟通方式，能将家长心中的爱传达给孩子。尤其是在和孩子谈心的精心时刻，眼神交流更加重要。

(3)精心时刻家长可以增加一些和孩子的交谈。比如，关于思想和感情的分享，给孩子讲故事等。一起运动时可以和孩子交流在学校体育课上发生的趣事；在一起吃饭时谈论自己小时候的趣事；睡前给孩子讲故事时，和孩子聊一聊一天的开心经历。这些都可以作为精心时刻的对话内容。

爱语三：肢体接触

肢体接触是表达爱的有力工具。在婴幼儿时期，频繁的肢体接触，如拥抱、亲吻等，有利于婴幼儿安全感的建立。对于一些孩子而言，由于缺乏肢体上的接触，他们无法感受到爱。

案例

在悠悠班里的一次班会课上，老师与大家一起讨论关于爱的话题。老师问大家是否认为自己的父母是爱自己的。悠悠第一个举手，老师让她与同学们分享，她是怎么感受到父母爱自己的？悠悠说爸爸妈妈早上起床和睡觉前都会拥抱她，还经常会在外出逛街的时候，拉着她的手。虽然她已经上四年级了，但妈妈仍旧每天睡前给她按摩、捏背，她非常享受，也会在睡觉前亲吻妈妈，跟她道晚安。

美国的心理学家哈洛曾对猕猴的爱源于什么进行了一项实验。哈洛为猕猴人工制造了两位“代理母亲”：其中一个是用铁丝制成的，用来给猕猴喂奶；另一个是在金属框架上套上了一层柔软的布料，给猕猴带来温暖和拥抱。实验表明，猕猴只在肚子饿的时候和第一个“代理妈妈”待在一起，其他大部分时间都是与第二个“代理妈妈”一起度过的。从这一点来看，哈洛认为，爱源于接触，而非食物。这个实验也可以从侧面证明：仅仅给孩子提供食物并不能与孩子建立更亲密的关系，孩子更需要抚摸、拥抱、亲吻。

当家长张开双臂拥抱孩子时，孩子可以从家长的怀抱中感觉到温度，从而加深亲子间的依恋关系，同时也能让孩子感到更安全，让孩子明白，不管自己做什么都有家长在背后支持。这种孩子在以后的人生中，就算遇到困难，也不会感到孤单，而是会更好地发挥他们的潜能。就像案例中的悠悠，她从与妈妈每天的肢体接触中感受到妈妈的爱，并在学校以及生活中，充满着自信和勇气。就算遇到解决不了的困难，也不会感到气馁，反而会积极想办法解决。

家长可以怎么跟孩子进行身体接触呢？这跟不同年龄段孩子的需求密切相关。对学龄前儿童来说，家长可以通过日常“拥抱”类的小游戏，向孩子传递“我爱你”的信号。(1)背上俯卧撑：让孩子搂住大人的脖子，然后趴在大人身上，大人做俯卧撑，过程超欢乐，孩子会感觉很开心！(2)考拉来了：孩子可以像考拉、猴子一样，挂在大人身上(家里谁体力好谁上)，不过在大人向前爬的时候，记得告诉孩子搂紧大人的脖子，底下最好也铺个垫子，安全第一。(3)举高高：百玩不厌，抱起孩子，然后把孩子举过头顶，再放下，再举高，再放下。(4)“拉大锯、扯大锯”：“拉大锯、扯大锯，奶奶家、唱大戏……”和孩子手握着手，一方往后拉的时候，另一方顺势往前，然后彼此交换。

对于青春期的孩子来说，不要认为他们长大了，不需要肢体接触，其实他们也想要亲子之间的亲密接触，只是不再通过小时候的一些游戏，而是通过另外的活动来寻求亲密接触。比如，对于青春期的男孩来说，爸爸可以跟他一起打篮球、跑步等，或者在运动时拍拍孩子的肩膀或者身体，并适当辅以口头鼓励。当然，由于青春期是一个疾风骤雨的时期，孩子身心处在快速变化的阶段，家长在跟青春期孩子进行身体接触时，要注意以下几点。(1)家长想跟青春期孩子进行身体接触，要事先征得孩子的同意，并观察身体接触后孩子的反应。如果孩子表现出抗拒，家长就需要适时调整方式。(2)最好不要在孩子的同学或者朋友面前进行身体接触，避免尴尬。青春期的孩子最在意同伴关系，也容易害羞，所以家长要注意场合。(3)异性亲子间的身体接触要谨慎。无论男女，青春期的孩子身体还在发育，性别意识会非常强烈，所以异性亲子间的身体接触要格外注意。

爱语四：接受礼物

礼物是爱的视觉化表达方式。对那些主要通过“接受礼物”来感受爱的孩子来说，他们对礼物反应特别强烈，他们拆开家长精心准备的礼物时会表现出特别兴奋，甚至会专门腾出一个地方来摆放礼物，而这往往会拉近亲子间的关系。

案例

语文老师布置了周末的作文题目《我的心爱之物》，让全班同学回家仔细想一想，自己的心爱之物是什么，为什么那么喜欢它？上六年级的小垚在作文里面这样写道：

每个人都有自己的心爱之物。有的是可爱的小动物，有的是贵重的乐器，有的是一盆清新的盆栽，而我的心爱之物是妈妈在我10岁生日时送我的照相机。虽然这只相机只陪伴了我不到一年，但它对我来说却无比珍贵。

照相机是蓝白相间的，它的摄像头和闪光灯周围有一圈浅浅的天蓝，其他地方都是纯白色。相机外有一层透明的保护壳，它可以保护相机不受损。相机的上方有一条很细的开口，用来出照片。它的摄像头是圆柱形的，一拉即开机，一推则关机。

我喜欢这个相机不仅是因为它拍出来的照片非常清晰，更重要的是它寄托着妈妈浓厚的爱。记得在我10岁生日的时候，妈妈去杭州出差了，并没有陪我过生日。妈妈从家出发的那天，也就是我生日的前一天，我放学回家，写了一会儿作业，心里百感交集，最后还是决定给妈妈打个电话。电话拨通了，电话另一头的妈妈对我说："小垚，生日快乐！虽然这次生日妈妈不在你身边，但妈妈特别希望你能开开心心地过这个10岁生日！"聊了一会儿，妈妈就出发去开会了，我心情复杂地挂了电话。本来我准备到双层床的上铺休息一会儿，却意外地发现枕头底下藏着一个精美的礼品袋，并且袋子的封口处还夹着一封手写的信。我打开了信，信中妈妈对我说："小垚宝贝，你曾许愿说想要一个新的相机，因为之前那个相机找不到了。我知道你喜欢蓝色，于是我在网上挑了这个蓝白相间的相机给你作为生日礼物，希望你喜欢！也希望它能弥补妈妈不能陪在你身边过10岁生日的遗憾！宝贝，祝你生日快乐！妈妈爱你！"读完这封信，我已经热泪盈眶了，激动地拆开了妈妈送给我的相机。我看到那精美的相机，脑中立马浮现出了妈妈温柔的脸庞，这大概才是我喜欢这个相机的真正原因吧！

从此以后，我不管是爬山还是去公园散步的时候都时常会带着这个可爱的相机，因为它不仅寄托着母亲的情感，还能让我用它记录下美好的生活！

在小垚的人生中，可能会有很多相机，但相信对于她来说，妈妈在10岁生日送她的那只蓝白相间的相机会让她一辈子铭记在心，因为那是爱的礼物。虽然妈妈因为出差无法陪自己过生日，但是妈妈仍旧记着自己的生日，并且还专门买了礼物，精美地包装好，藏在了自己的枕头底下，给自己一个惊喜。这会让小垚萌生出自己是被无条件爱着的信念。

如果孩子的主要爱语是“接受礼物”，那么送礼物的时候，家长要注意一些什么呢？(1)让送礼物变得有仪式感。送礼物是爱意的表达，如果家长可以买一些包装纸、彩带把礼物包装好，精心设计一下，再送给孩子，会比随便在路边买个礼物，敷衍送给孩子的效果更好，孩子打开礼物的时候也会更开心。就像案例中小垚的妈妈，不仅记着孩子的生日，给她买了礼物，还用精美的纸包装好，这会让孩子感觉到家长的用心。(2)赋予礼物意义。礼物只是一个物品，如果你可以结合孩子的日常，赋予礼物意义，那么这个礼物将会更持久。比如，案例中妈妈送给小垚的相机，其实已经赋予了小垚被无条件爱着的意义，所以小垚会非常珍视。(3)让孩子有参与感。家长在挑选礼物的时候，可以问问孩子的意见，如买衣服、鞋子、书包这些礼物，可以尊重孩子的意见，这样会让孩子更开心。从小垚妈妈手写的信里，可以知道，小垚妈妈平时非常关注和在意孩子，了解孩子的喜好，知道小垚想要一个蓝色的照相机。

但是，给予孩子礼物的时候，家长也要注意给予礼物的目的，如果给予孩子一包零食，是为了让孩子乖乖在家里完成作业或者让孩子帮自己下楼去买一包盐，这就不叫爱的礼物，而是一种贿赂，是为了达成某种目的给予孩子奖赏。因此，家长送给孩子礼物的时候，心中要有一把尺子——透过礼物表达的是爱。如果它们只是贿赂，就其本质而言就不该称为礼物。

爱语五：服务的行动

“爱的服务”指的是一种发自内在的渴望，希望将自己的爱心投入到他人的生活中。与盲目的帮忙不同，真实地表现出爱的服务性行为，能满足孩子当下最主要的需求，与孩子在情感层面上进行交流。

案例

敦敦的爸爸非常用心陪伴孩子。他会在下雨天孩子想踩水的时候，为孩子撑伞；在孩子想吃西红柿炒鸡蛋的时候，为孩子下厨做饭；当孩子爬山爬不动了，帮孩子拿着水杯和背包；当孩子卧室杂乱的时候，一边教孩子如何整理，一边和孩子一起收拾……这些服务的行为，让敦敦感到自己是被爸爸深深爱着的，内心充满着安全感。

对于一些孩子而言，他不需要特别多物质的奖励，但是却尤为看重家长在日常生活中通过点滴行为对孩子表现出的爱，就像案例中的敦敦，他很喜欢爸爸在行动中对他的关注和付出，这让他感觉到很舒适。

在家里打扫卫生，为孩子做一餐饭，接送孩子上下学，睡觉前为孩子读故事，带孩子出去爬山……这些爱的服务行动都会带给孩子安全感和满足感。但这些服务的行动，不应该是被强迫的，而应该是自由地给予和接受，并且依照对方的感受和要求。如果敦敦的爸爸迫于想在孩子心中树立良好父亲形象，而忽略孩子的诉求，那这种爱的服务行动也是不可取的。

每个孩子都像厚厚的一本书，理解孩子的心灵，就需要仔细阅读这本书，读懂其中的语言。当家长可以读懂孩子的爱语，就能更好地理解孩子的内心需求和性格特征，从而在生活中打开沟通的渠道，建立良好的亲子关系。

二、尝试用多种语言表达爱

中国的家长是含蓄的，不善表达、羞于说爱，他们以为自己不说，孩子自然会懂。事实上，如果家长不表达出爱，孩子是无法明确感受到那份爱的。

案例

小骆参加学校运动会200米跑步比赛，因为第一次参赛，经验不足，没有发挥得特别好，心里很是沮丧。小骆爸爸为了鼓励孩子，特意去商场给小骆买了他最喜欢的那双跑鞋，作为本次参赛的礼物，送给小骆，并且给了孩子一个大大的拥抱，告诉小骆："一次失败不要紧，最重要的是吸取经验，以后再接再厉就是了。"看到自己喜欢的跑鞋，又听到爸爸鼓励的话语，小骆心里暗暗发誓，下次一定要吸取经验，发挥出最佳水平。

如果家长从来没有用一些方式来表达他们对孩子的爱，那孩子也不知道该怎样向家长、同伴表达自己的爱。如果家长总是将爱埋藏在心里，却不通过一些方式表达出来，那么长大的孩子，也不知道如何去表达自己的情感和爱意。因此，家长可以尝试用多种语言表达对孩子的爱意。

要想表达爱意，需要家长先了解孩子需要的爱语是什么。具体可以怎么去了解呢？

(1)要多观察自己的孩子。对孩子产生一种真正的好奇，观察他们如何向他人表达爱。如果孩子常说“妈妈，我好喜欢你给我做的晚餐”“爸爸，你就是我的英雄”，那么你的孩子的爱语可能就是肯定的言辞了；如果孩子要求家长跟他玩游戏，或者给他读绘本，这就是对于精心时刻的需求；如果孩子总是跟你抱怨：“妈妈你已经很久没有给我做可乐鸡翅了!”这是对服务行动缺失的抱怨。当然表达爱意并不意味着家长要有求必应，如果孩子的抱怨频率过高，可能就是一个信号，孩子的“爱箱”空了，需要家长通过恰到好处的爱的表达去填满。

(2)家长要多注意一些小细节。如果某天给孩子买了他(她)一直念叨的一个水壶，他(她)开心得眉飞色舞，对家长又是拥抱又是说“谢谢”之类的话，那说明礼物就是他(她)的爱语；如果孩子难过的时候，妈妈想通过拥抱去安慰孩子，他(她)会表现出很抗拒，但是他(她)可能希望妈妈坐下来跟他(她)聊聊妈妈上学的时候被同学排挤是什么感受，那可能这个孩子的爱语是精心时刻，而不是肢体接触。家长只有多去关注孩子的一举一动，才能深入了解孩子内心真实的想法和需求。

(3)寻找孩子喜欢的爱语模式。家长可以多给孩子一些选择来观察他们真正的喜好。比如，孩子在数学考试中取得优异成绩，家长可以让孩子自己选择用什么方式庆祝，是给孩子买他(她)一直中意的某个礼物，还是陪孩子去他(她)喜欢的地方逛逛，在这个过程中可以更精准地了解孩子喜欢的爱语。案例中小骆喜欢的爱语是肯定的言辞、肢体接触和接受礼物。当爸爸送给小骆喜欢的球鞋，给小骆一个大大的拥抱，并且用鼓励的话安慰小骆的时候，小骆因为比赛失利的沮丧心情一下子就烟消云散，取而代之的是对下一次比赛的信心，这就是爸爸精准地表达爱带来的力量。

此外，虽然每个孩子都有偏好的一两种爱语，但并不意味着家长只需要通过这一两种方式表达爱就够了，而是需要在频繁使用孩子偏好的爱语的基础之上，兼顾着使用其他几种爱语。家长可以给孩子起一个充满爱意的“昵称”，每天至少对孩子说一遍“宝贝，我爱你”；每天出门、回家时给孩子一个大大的拥抱，睡前给孩子做个小按摩、挠挠后背、顺顺胳膊腿；每天睡前选孩子喜欢的绘本和故事书读给孩子听，或者和孩子聊聊天，或者听孩子讲讲学校的事情、他和朋友的趣事，甚至他的小秘密；为孩子精心准备生日礼物，给孩子一个惊喜；当孩子被欺负的时候，坚定地站出来支持孩子，想办法解决问题……

每个家庭都有自己独特的表达爱的方式，有的时候表达方式只是媒介，重要的是让孩子感受到家长的爱，让孩子在家长的爱里健康成长。

三、注意说话的语气

良好的家庭教育和家长的言语表达息息相关，特别是家长和孩子交谈时的语气，会对孩子情绪感受产生直接的影响。孩子与家长交谈时，往往会先听家长的语气，然后才会关注具体的内容，那么家长应该采用什么样的语气与孩子交流呢？

1. 鼓励的语气

孩子总是希望得到表扬和夸奖，无论他们的表现好坏，只要家长能够以认可的眼光看待他们，以鼓励的口吻与他们交谈，他们的内心就会更有力量。

案例

诚诚上一年级了，在学校是三好学生，在家里是妈妈的小帮手。一天，吃完晚饭之后，诚诚帮妈妈收拾餐桌，为了节省妈妈洗碗筷的时间，诚诚会将盘子里剩下的汤水倒在垃圾桶里后，再把碗筷送到厨房让妈妈洗，妈妈看到孩子这么细心，欣慰地对诚诚说：“诚诚，我发现你好细心哦，你专门把盘子里的残余饭菜清理干净了才给我，这样我洗碗的时候就更省事了，谢谢你。”妈妈的这句话让诚诚特别受鼓舞，有一种自己做了一件小事被看到而开心的心情。

等妈妈洗完碗，诚诚询问妈妈自己接下来要做什么作业，妈妈跟孩子说：“诚诚，你已经上小学一年级了，你可以自己决定现在要做什么作业，妈妈相信你可以。”孩子在一瞬间的迟疑后，立刻欢天喜地地自己去写作业了。一句简单的“相信你”背后，是这个妈妈将选择权赋予了孩子，她尊重了孩子的自由意志。

孩子需要鼓励，就像植物需要水。没有鼓励，孩子的性格就不可能健康发展，孩子就没有归属感。然而，现实社会中，有太多擅长批评、挖苦和讽刺孩子的家长，却非常吝啬给予孩子鼓励与肯定。家长可以使用描述、欣赏、相信三种方式对孩子进行鼓励，让孩子找到自己的成就感，更好地帮助孩子成长。

(1)描述的语言：“我看到/我观察到……(客观描述具体的行为，不带主观感情色彩)。”德雷克斯认为，在评价一个人的时候，自然会有一种居高临下的视角，这种视角下，两个人之间的关系并不是平等的。家长在对孩子的表现进行客观描述的时候会让孩子感觉到平等，这样的语言才能更好地激励孩子。案例中的诚诚妈妈，看到孩子非常细心地把盘子里剩下的汤水倒掉的时候，会用客观的语言去描述她观察到的行为，及时给予孩子反馈，这会让孩子感觉到自己被看到、被关注到、被重视，就像聚光灯一样，“啪”的一下照亮了孩子身上隐藏的特质和潜能。

(2)欣赏的语言：“谢谢你……(做了什么事情)。”有些家长认为，亲子之间谢来谢去太见外了。事实上，一声发自肺腑的感谢，并非是一种刻意的表现，更不是一种虚伪，这反而是一种增进感情的方式。案例中的诚诚妈妈看到孩子细心的行为，不仅用描述性的语言向孩子反馈了她观察到的情况，还向孩子表达了感谢。这让孩子感觉到自己的行为是被尊重和认可的。因此，每当有机会向孩子说声“感谢”的时候，请家长永远别吝惜你的语言。

(3)相信的语言：“我相信……(我对你有信心，我信任你)。”“我相信”是一句充满了神秘力量的话，能让孩子从恐惧中解脱出来，让孩子有勇气去面对未来。案例中的诚诚妈妈选择“相信”孩子，让他自己决定写什么作业，让他自己去做自己人生道路上的探索者，在这样的赋权教育中，诚诚将逐步获得自由、独立、创造、幸福和满足。

2. 商量的语气

家长遇到事情不要总是独断专行、命令孩子，这样的沟通语气不利于维系亲子关系。家长对孩子应该多用商量的语气，多听取孩子的意见，这样孩子在家长的尊重下，才会更愿意表达并分享自己的想法。

案例

黄黄想在周末跟小伙伴们玩耍，可她的妈妈不愿意，总是对黄黄说：“越大越不听话了，不好好学习，看你长大了能干什么，还不赶紧回房间写作业。”这样做只会让孩子更加厌恶学习。黄黄爸爸看到妻子这么对孩子说话，连忙上前用商量的语气说道：“宝贝，那你待会儿出去跟小朋友们玩一会儿，玩完了回家，我们再把作业完成，行不行？或者你先写完作业，然后再出去跟小朋友们玩，你更想选哪种呢？”只见黄黄脸上的阴云一扫而空，对爸爸说道：“爸爸，那我先写作业，写完了我跟同学去书城逛逛，买点书，可以吗？”爸爸摸着女儿的头，笑着说：“当然可以啦！”于是，黄黄乖乖回房间写作业去了。

当孩子提出与自己不同的看法和要求时，不要急于给孩子贴上“不听

话”或者“叛逆”的标签，从而粗暴地反对孩子。案例中黄黄的妈妈就是这样对待女儿的，她用专断、强势的方式逼着女儿写作业，但女儿就是不写；而黄黄的爸爸采用商量的语气跟黄黄沟通，不强迫孩子，而是给孩子提供多种选项，让孩子自己去决定，满足孩子独立抉择的需求，孩子就更愿意执行。

每个孩子都是有自尊心的，要孩子去做某件事情，可用商量的语气，让他明白，他跟家长是平等的，家长是尊重他的。比如，家长想要孩子把地上乱丢的玩具收拾整理一下，可以这么说：“宝贝，乱丢玩具是不好的习惯，你跟妈妈一起把玩具收拾一下好吗?”千万不要用命令的语气：“你怎么搞的，乱丢玩具，快去收拾好!”否则，孩子听你责备，心里就会产生反感，即使被迫按照家长的要求去做，也会心生诸多怨气，后患无穷。

和孩子交流，语气有时会胜过内容。是责备、命令、挖苦、打击、发脾气，还是尊重、信任、商量、赞赏、鼓励，相信大部分人还是都倾向选择后者。

四、“和”孩子说话

先来体会一下“和”孩子说话与“对”孩子说话之间的区别。“和”代表着平等，我和你，两者之间是并列关系；而“对”意味着有级别的差异，比如，上级对下级发布指令，从语法上也不难看出前者主动，后者被动。所以，“对”孩子说话，是在告诉他，家长要他怎样，是在让他顺从，是家长在思考和主导；而“和”孩子说话，是家长和孩子一起思考并共同主导，寻找解决问题或改善情况的方法。

案例

为了提高成绩，13 岁的小天给自己制订了一个严格的学习计划，可才坚持了几天，小天就受不住电子产品的诱惑，沉溺于手机里的各种游戏，心想：我就先玩一下，玩完就去学习。但不承想，一玩就是几个小时，玩着玩着时间很快就过去了。小天内心很愧疚，但电子产品真的很吸引他，没有了手机，小天就会感觉很空虚，提不起精神。妈妈多次劝导小天，甚至扬言："你再玩，我明天就把网断了！"但是小天丝毫没有听进去，反而威胁妈妈："如果你断网，我就离家出走！"为此，小天的妈妈十分苦恼。

生活当中，家长担心自己的孩子，希望能够帮助他们，于是经常"对"孩子说话，结果自己一开口，孩子就生气了，不但没有起到任何作用，反而让亲子关系亮起红灯。这就跟家长的暴力沟通方式有关。暴力沟通即忽视个体的感受和需要，以致彼此进一步疏远和伤害。有的家长看到孩子玩手机，火冒三丈，往往会不自觉地通过暴力沟通解决问题。而那些冷言冷语、谩骂嘲讽往往更容易击垮一个孩子。

暴力沟通也可简称为"4D"沟通，有 4 个表现特征：(1)Diagnosis 过分诊断；(2)Denial 否定；(3)Demand 命令或威胁；(4)Deserve 说教。举个例子：假如孩子回家以后，告诉家长这次考试成绩不是很理想，家长会怎么说？通常很多家长的反应是这样的："你最近都把心思用到手机上了，一定没有好好学习"(过分诊断，道德评判)；"考这么一点儿分，说出来都丢人，你看那个×××考得比你高"(进行比较，否定孩子)；"下次再考不好，就别学了，我把你的电子产品都给扔掉"(命令威胁，压迫孩子)；"你得好好学习，少玩手机，现在学不好，以后去干什么呢?!"(唠叨说教，孩子不听)。这些粗暴的交流，只是家长的一种情绪发泄，而没有站在孩子的立场上思考问题，家长的言外之意无非是希望孩子能够更加努力，但一旦家长采用粗暴的方式，将消极情绪转移到孩子身上，孩子就会感到挫败和愤怒，最终自暴自弃，产生类似“好，那我就不学了！”的想法。

由此可见，暴力沟通的方法之所以没有作用，是因为在特定情境下通过暴力沟通不能关注到孩子的感受和需要，最终导致彼此的疏远和伤害。此外，家长的行为、语言表现也没有体现出家长的真正意图，而家长又会下意识地期望孩子能够读出家长的心思。其实，就算是至亲的亲人，也无法真正读懂“刀子嘴”背后的“豆腐心”。因此，家长要调整沟通方式，让“非暴力沟通”取代“暴力沟通”，在这里介绍一种能够帮助人们在人际关系中有效、恰当地表达自己的方法，叫作“DEARMAN”准则，它包含七个表达的小技巧，分别是：描述事实(Describe)、表达感受(Express)、坚定要求(Assert)、强化对方(Reinforce)、聚焦目标(Mindful)、表现自信(Appear confidence)、协商妥协(Negotiate)。具体如何使用，通过案例进行讲解。

D(Describe)代表描述事实。也就是告诉孩子，家长要和他讨论的是他的哪些行为。在这个案例中，妈妈首先可以对小天的行为进行描述：“小天，你最近经常玩电子游戏，周一到周五你每天大概要玩两到三个小时，周末每天玩四五个小时，连作业都没时间做，也没时间和我聊天了。”

E(Express)代表表达感受。即告诉孩子，家长对于他的这些行为有何感受。千万不要以为孩子会自己知道家长的感受，因此直接告诉孩子你的感受才是最好的方法。在这个案例中，妈妈可以紧接着说出自己的感受：“我看到你现在这样的状况，有些担心你的身体健康和学习。”

A(Assert)代表坚定要求。即明确且坚定地告诉孩子，家长的要求和期待，家长希望孩子之后怎么做。在这个案例中，妈妈可以接着向小天提出自己的需求：“我希望你能够减少每天的游戏时间，周一到周五每天最多玩半个小时，周末每天最多玩一个小时，而且要先完成作业才能玩游戏。”

R(Reinforce)代表强化。即要向孩子解释他做出行为改变之后能带来哪些积极影响，从而使孩子在行为改变上更有动力。在这个案例中，妈妈可以继续向小天解释控制游戏时间的好处——“如果你能减少每天的游戏时间，那我们每天就可以有更多的时间聊天和做其他的事，比如，一起去参观你之前很想看的那个科技展”，或者“如果你一周 7 天都能按照我们协商的游戏时间执行，周日可以获得额外的 30 分钟游戏时间”。

M(Mindful)代表聚焦目标。具体是指：当家长向孩子提出要求时，常常会受到孩子的反抗，他们会拒绝改变他们的行为，并试图通过其他行为来转移家长的注意力。因此，家长需要保持对目标的专注，不停地传达自己的要求，并忽视孩子转移注意力的行为。在这个案例中，如果小天听了妈妈的要求之后就非常不满，开始发脾气，想通过生气的方式转移妈妈的注意力。那妈妈要保持坚定的态度，不被小天干扰，在安抚小天的情绪后，妈妈要再一次向小天传达控制游戏时间的要求。

A(Appear confidence)代表自信地行动。即家长在表达需求时状态应该是自信的。家长可以通过自信的语气和身体姿势，保持良好的眼神交流，给孩子展现出你自信且坚定的一面。在这个案例中，妈妈在提要求时，应直视小天的眼睛，并且用一种坚定且自信的语气告诉他该减少游戏时间了，这个时候家长坚定不移的神态会让孩子觉得他不能不按照家长的要求去做。

N(Negotiate)代表协商。即如果孩子还是认为难以达到家长的要求，那么家长就可以和孩子进行友好的沟通协商。家长可以适当降低要求或是寻找其他解决问题的办法，最终达成共识。在这个案例中，如果小天表示自己突然减少那么多游戏时间太困难了，那妈妈可以答应他慢慢来，先每天减少半个小时，一段时间之后再调整。就这样，小天和妈妈达成了共识，而妈妈的需求也得到了回应，他们的亲子关系就会更加紧密。

“对”孩子说话，暗示着家长已经帮孩子想好了对策。家长命令他，控

制他，威胁他，让他对家长言听计从。这个时候，孩子就会彻底置身事外，很难真正参与进来，因为孩子的所有想法和努力都是徒劳的。自然而然，孩子就会采取防御、抵抗的态度，甚至对家长抱有敌意。随着时间的推移，孩子就无法学会“体谅别人”，也无法学会“负起责任”。非暴力沟通DEARMAN法是一种相对平静的、友善的、尊重的和真诚的沟通方式。这种方式主要是当事人在描述自己的情绪感受和想法，不涉及对他人的指责和批评，常用这种方式跟他人沟通，并适当提出需要他人协助的地方，既表达了自己的感受和需求，又不至于让他人感觉到不平等或者被指责。因此，只要家长改变一下说话的方式，从“对”孩子说话变成“和”孩子说话，许多问题也就迎刃而解了。当然，前提是家长真心站在孩子的角度去考虑，设身处地去理解他们的内心世界。

第三节　亲子时光

“爱与归属”是所有人的愿望，而高质量的家庭陪伴和家庭仪式，则会让孩子体会到家庭的温暖和珍贵。希望每位家长都能够珍惜与孩子相处的美好时光，不要留下人生的遗憾。

一、高质量陪伴

有的家长经常会感到困惑，自己24小时都陪在孩子身边，为什么孩子还是这么没有安全感呢？事实上，陪着≠陪伴，陪伴≠高质量陪伴。实际上，如果是高质量的陪伴，并不需要24小时待命，甚至每天只需要半小时就够了，不过这半小时必须是全身心的陪伴、有规律的陪伴。

案例

周六在家，爸爸陪嘉嘉拼拼图，嘉嘉在一旁认真地拼，爸爸在一旁认真地玩手机。有几次，嘉嘉想让爸爸帮自己拼几块，但是看到爸爸在玩手机就放弃了。终于，嘉嘉花了1个多小时，完成了拼图，他兴奋地叫着爸爸："爸爸，你快看，我把这个拼图完成了，我厉不厉害?!"可爸爸还是只顾着低头看手机，敷衍地应付着儿子："嗯，厉害，厉害，你真厉害。"儿子看向爸爸的眼神瞬间黯淡了下来，他生气地摔掉了手中的拼图，对着爸爸大发脾气："臭爸爸，就知道玩手机，我讨厌你。"

类似这样的例子，生活中还有很多很多。表面上看，家长是在陪伴孩子。实际上，家长不走心的陪伴，不仅不能让孩子感受到爱意，反而让孩子的内心多了一层伤害。真正意义上的"高质量陪伴"，并不体现在陪伴时间的长短上，更看重的是家长是否全心全意地陪伴孩子，是否将注意力聚焦在孩子身上，以及家长是否能够倾听、读懂孩子的需要，并且给予孩子积极的回应。

1. 给予孩子全心全意的陪伴

高质量的陪伴要求家长全神贯注、全心全意给予孩子所有的关注。也就是说，当家长和孩子在一起时，不要看电视、玩手机或者做其他的事情，同时将注意力放在孩子以及孩子在做的事情上，并适时与孩子进行互动。案例中的嘉嘉爸爸陪孩子拼拼图的时候，自己在玩手机，没有关注到孩子的一举一动，只做到了物理空间上待在孩子身边，但精神层面上却缺乏对孩子的关注。

2. 学会倾听，读懂孩子的需要

每个人都希望被他人倾听，而真正的倾听不是安慰，也不是同情，而是更注重听懂他人话语背后的感受与需要。因此，家长要学会以平等、开放且耐心的态度去倾听孩子的心声，读懂孩子话语背后的心理需要。接下来列出倾听的几个注意事项：(1)倾听孩子说话时，要与孩子保持目光接触，这可以避免家长分心走神，同时便于观察孩子的神态动作。(2)倾听孩子时，要留意孩子的身体语言。比如，皱眉、大笑、紧握拳头等，都可以为家长了解孩子当下的感受和情绪提供线索。(3)倾听孩子时，需要家长自我觉察，注意自身的行为语言。在跟孩子交谈中出现情绪时，家长要注意自身的面部表情和肢体动作，了解自己的情绪是否稳定，以便在需要时及时调节自身状态。(4)倾听孩子时，需要家长用心鼓励孩子讲话。在倾听孩子讲话时，要善于使用诸如“嗯嗯”“不错”“哇，太有意思了”“你讲得很有趣”这样的话，以便孩子继续表达自己的想法。案例中的嘉嘉爸爸应该放下手机，把所有的注意力都集中在孩子身上，这样当嘉嘉在拼图遇到困难、需要爸爸帮忙时，他就能立刻通过嘉嘉的非言语信息，察觉到嘉嘉的需要，然后问他：“宝贝，需要爸爸帮忙吗?”而不是因为玩手机而错过对孩子情绪的觉察。

3. 积极回应孩子，给孩子正面的反馈

当家长和孩子在一起时，孩子如果有表达自己的想法，或向家长寻求帮助的意愿，家长要及时回应，给予孩子正向的反馈。及时回应非常重要，一方面会让孩子感受到家长是在专心陪着他(她)的，并没有心不在焉；另一方面，及时回应会让孩子更有安全感。回应的时候，尽量多使用开放句式，少用封闭句式。案例中的嘉嘉花了1个多小时拼好了拼图，他兴奋地拿过去给爸爸看，希望跟爸爸分享他的喜悦，得到爸爸的认可、夸赞、鼓励，但是爸爸因为在玩手机，比较敷衍地回应嘉嘉，这让嘉嘉非常难过和失落，以至于冲爸爸发脾气。这时，嘉嘉爸爸恰当的做法应该是，当看到孩子拼完拼图，拿过来给他看的时候，可以对孩子说，“哇，宝贝，你是怎么做到的？这么难的拼图，你这么快就拼好了！你太厉害了!”，或

者“哇，宝贝，这个看起来好酷啊，你太棒了，教教爸爸吧！”，或者“哇，这个拼图那么难拼，宝贝居然拼好了它，爸爸给你一个大大的赞！”……

4. 设置专属时间，专心陪伴孩子

家长对孩子的陪伴，不在于时间长短，而在于陪伴的质量。即使是每天只用短短半个小时全身心地陪伴孩子，这也是高质量的陪伴，比用一整天不走心的陪伴孩子管用。在这短短的半个小时里，家长可以和孩子一起读书，一起做游戏，一起做运动，总而言之，就是要和孩子一起参与某项活动，以此来拉近和孩子之间的距离。

二、家庭仪式

生活需要仪式感，对孩子的教育也需要仪式感。其实，仪式感也能给孩子带来安全感，因为仪式感是用最庄重、最真诚的仪式来唤醒孩子灵魂中最美好的部分，在这些简单的细节中，藏着家长对孩子的重视和挂念。每当孩子孤独彷徨的时候，一旦想起家长曾经给自己带来的温暖，孩子就会从中获得整装待发的力量。

案例

爸爸想为雯雯过一个特别的生日。考虑到雯雯不爱吃奶油蛋糕，爸爸就用各种水果堆了一个“水果蛋糕”，并在蛋糕上面写下了“我的宝贝女儿，生日快乐”。他还准备了雯雯最爱喝的奶茶，然后偷偷藏在了冰箱里。妈妈做好了一桌子饭菜，糖醋排骨、宫保鸡丁、可乐鸡翅……都是雯雯最爱吃的，想着等雯雯放学回家就一起庆祝。果然，雯雯放学回来后，看到一大桌美食，都是自己最爱吃的，雯雯心里别提多高兴了。接着爸爸关了灯，手捧着生日蛋糕，妈妈从冰箱里拿出了雯雯最爱的奶茶，他们一起出现在雯雯面前，对她说：“宝贝，生日快乐!”雯雯捂着嘴，泪水浸满了眼眶。

所谓的家庭仪式，指的是家人在一定的时间，一起参加的某些具有特别意义的活动。生活中的家庭仪式可分成三类：模式互动（晚餐、周末活动中的日常仪式）、家庭传统（如生日、结婚纪念日等独特的家庭文化仪式）与家庭庆典（基于大的文化背景的传统节日仪式，如中秋节、春节）。研究发现，家庭仪式不仅能促进儿童青少年的亲社会倾向，还能够提升儿童青少年的生命意义感。案例中的雯雯父母在孩子生日的时候，精心为孩子准备了生日庆祝会，给孩子做手工蛋糕和其他孩子最爱吃的美食，让孩子感受到被重视和被在意，无形之中就增进了亲子之间的感情。身为家长，应该怎样给孩子创造一个充满仪式感的家庭氛围呢？

1. 每日的仪式

每天起床后，家长跟孩子问好，给他一个大大的拥抱，告诉他“宝贝，有你真好”“宝贝，当你的妈妈真幸福”；每天睡前跟孩子拥抱说晚安，结束一天的快乐和不快乐，告诉他不论何时何地，家长都会爱他、支持他。

2. 纪念成长节点

（1）当孩子首次分床睡觉时，家长可以专门为孩子举办一个小小的仪式，例如，跟孩子一起，按照孩子的喜好，把卧室装饰一下。然后给孩子准备一个玩偶，作为他（她）的好朋友，和他（她）一起睡觉，心理学上把这个叫作“过渡客体”，指孩子为了减轻和母亲的分离焦虑而为自己选择的一个具有特殊安抚意义的物品。在正式分床睡觉的那天，家长可以为孩子买一块小小的蛋糕，并为其制作一张“证书”，以此来庆贺孩子踏出人生中新的一步。这样的过程，不仅会减少孩子的害怕，还会提升孩子的自豪感，因为他（她）长大了，要一个人睡了。（2）孩子的生日也是非常值得纪念的日子。在孩子生日的时候，为孩子举办一个简单而特别的生日仪式，如为孩子准备蛋糕、礼物、生日聚会等，让孩子感受到家庭的关爱和重视。(3)孩子获得好成绩、完成一项重要任务等，家长都可以为孩子举办一个小型仪式，如为孩子准备小礼物、举行一个简单的庆祝活动等，让孩子感受到家庭的认可和支持。家长要懂得花点心思，通过仪式感为孩子的成长节点留下一些特殊的回忆。当然，拍照、摄影记录都能体现出仪式感。

3. 传统的节日

在家里庆祝一个传统的节日，能使孩子了解并尊重自己的文化与传统。在节日之前，家长可以给孩子解释一下这个节日的由来和含义，并为孩子提供这个节日里的食物、装饰品、服装等，和他们共同做一些节日相关的手工，营造出欢乐的气氛，使孩子体验到优秀传统文化的魅力。

总而言之，通过活动让孩子感受到仪式感，能使他们感受到家庭的温暖和关怀，树立起有序、有规矩的观念，进而加强家人之间的情感联系。

第三章　爱与规则的平衡

作为家长是不是总会有这样的感觉：和孩子讲好了只玩20分钟的平板，就去写作业，但每次都是到时间了还要继续讨价还价；定好了第二天去上作文课，但孩子到了该上课的时候又找各种理由不去了；说好不能随便买东西，但孩子一进商店就攥着零食不松手……为什么每次跟孩子定好的规矩，到最后总是没办法顺利实现？为什么家长跟孩子讲道理、发脾气或者一再让步都没有任何效果，甚至孩子还会变本加厉？如果家长对孩子过于严苛，可能会让亲子关系变得疏远，甚至敌对；但如果家长对孩子过于纵容，又会让孩子觉得所有事情都是理所当然，没有规则意识。在养育孩子的过程中，如何保持爱与规则的平衡，这是很多家长都希望实现的教育目标，也是一个永恒的教育难题。

爱是孩子成长的土壤，但只有当爱和规则共同滋养时，才有了健康的土壤，能够孕育出充满活力的“幼苗”，只有家长懂得如何正确处理好爱和规则之间的“矛盾”和“统一”，孩子才能在爱的土壤中成长为一个具有责任感且人格健全的人；毫无原则的爱，很可能会让孩子成为一个自私自利、不负责任，甚至有人格缺陷的人。

在爱与规则如何平衡方面，德雷克斯不主张家长娇惯孩子，也不主张家长过分严厉地对待孩子，他认为家长要学会和孩子“合作”，深入了解孩子心理及行为背后的原因，用恰当的方式引导孩子，让他们能够毫无怨言地遵守规则。本章以德雷克斯的理念为基础，从明确而合理的规则、温柔而坚定地执行规则、冲突管理三个方面，通过简单的语言和生动的例子，帮助家长理解“我的孩子究竟在想什么？应当怎样平衡爱和规则？哪种教育方式对孩子的发育更有利？……”使家长在“爱”孩子的同时，又能适当地确立规则进行引导，赢得孩子的信赖，与孩子形成一种亲近且和谐的关系。在第二章的基础上，家长已经能够识别爱的误区，学会了通过恰到好处的爱增进亲子关系。希望通过本章内容的学习，家长们能学会爱与规则的平衡，采用恰当的方法处理亲子冲突和矛盾，有效引导和规范孩子的行为。

第一节　明确而合理的规则

亲子关系的良性发展，既要有爱和情感支持让彼此之间更亲近，也需要有明确而合理的规则来避免亲子之间的冲突。那作为家长，如何制定合理的规则并有效执行呢？这包含两个部分，一个是规则如何制定，另一个是规则如何执行。首先，规则制定的过程，不能完全以家长为中心，也不能完全以孩子为中心，最好是双方共同协商制定，并且对于不同年龄的孩子，其参与制定规则的程度不一样。比如，两三岁的孩子，其参与度相对可以更低一点儿，但是随着年龄的增长，尤其是青春期的孩子，家长在规则制定时，就要充分考虑他们的需求和观点，否则即使规则制定了也只是摆设。当规则定好之后，如何执行也是很重要的，比如，家长的态度是否温柔而坚定。

一、提出合理恰当的要求

在孩子成长的过程中，总是承载着家长的期待，家长对孩子也会有许多的要求，如果这个要求对于孩子来说是不合理的，比如，负面的、模糊而笼统的、过高的要求，那很有可能孩子就会抗拒，基于这样的要求制定的规则，可能就更难以执行；如果这个要求是合理恰当的，比如，正向的、清晰具体的、适合孩子发展水平的要求，孩子就更有可能在家长的引导下，按照家长的要求去做，基于这样的要求制定的规则，执行起来可能就会更顺利。

案例

小明是初三学生，即将面临中考，小明家长想要小明考上当地的重点高中，然而小明的成绩与该校的录取线差距很大。家长经常一边鞭策小明要努力考上那所重点高中，一边总是提醒小明还有很多这样那样的问题，并且天天恐吓、威胁他，如果不努力，就上不了那所重点高中，甚至连高中都上不了，这让小明莫名的焦虑、烦躁，并且对家长十分反感。其实小明只想考一所普通高中，他觉得自己的水平离那所重点高中还很远。但是小明跟家长说了好多次，家长完全听不进去，不仅不同意降低目标，还会劈头盖脸地教训小明，说他不求上进，破罐子破摔。家长的反应让小明感到既愤怒又无奈，关键是学习越来越没有动力了，学习状态也越来越差。

望子成龙、望女成凤是大多数家长的愿望，但是家长完全根据自己的意愿给孩子提出要求、设定目标或制定相应的规则，却忽略孩子的意愿和能力水平，就容易导致亲子之间的隔阂与冲突，家长因此生气苦恼，孩子也委屈抱怨。不合理的要求有三个明显的特征：(1)负向的要求。负向的要求意味着父母总是用否定性的语言表达对孩子的要求，如“不要老玩手机”“不要老吃零食”“不要跑那么快”等。这样的方式看似在提醒孩子避免这些不良行为，但其实孩子的关注点却总是落在“不要”后面的问题行为上。(2)模糊或笼统的要求。比如，有的家长经常跟孩子说“你要好好学习啊”或者“你要好好吃饭啊”之类的，但这种表述过于笼统，可能就会出现家长要求和孩子理解之间的分歧。家长认为的好好学习是每天写完老师的作业还要上辅导班、做练习题，但孩子认为把学校作业做完就已经是好好学习了；家长认为的好好吃饭是肉、菜、主食、水果都要搭配着吃，要营养均衡，但孩子认为吃饱了就是好好吃饭。(3)过高或过低的要求。有的家长在对孩子提要求时，完全不考虑孩子的实际水平，而是以家长自身的标准为标准。有的家长觉得孩子一定要上重点高中、重点大学，而不管孩子的能力是否能达到，比如案例中小明的家长；而有的家长又过分“躺平”，天天跟孩子说“宝贝，不用那么卷，只要你考试及格就行”，但其实孩子是有名列前茅能力的。过高或过低的要求都不利于孩子的良性发展。

心理学家维果茨基提出了一个概念叫“最近发展区”，这对教育有非常重要的启示意义。“最近发展区”描述了一个区间，即儿童现有的能力水平与经过成人的有效帮助后能达到的最高水平，这两者之间的一个空间。家长给孩子制定目标或提出要求的时候，就要参考孩子的最近发展区，合理的要求是孩子在最近发展区里可以够到的水平，即“比现在的水平高一点点，蹦一蹦可以到达的位置”。举个例子，让一个刚学会走路的孩子走10米可以，因为这个要求在这个孩子的最近发展区里，这样的目标就能激发孩子去努力，但是如果让这个孩子一下子走100米，这个要求就太高了，超出了孩子的最近发展区，这样的目标就不能起到激励作用，反而让孩子产生挫败感和退缩畏惧。

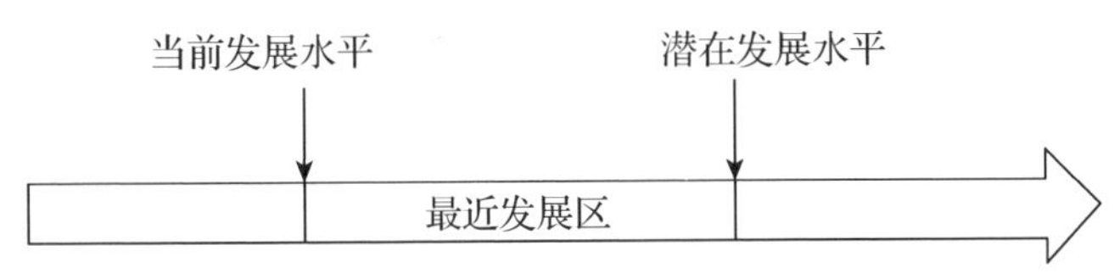

图 3-1 最近发展区示意图

因此家长在给孩子提要求、定规则时，不能以自己的标准或其他孩子的标准为参考，而是要参考自己孩子的最近发展区，提出合理恰当的要求。SMART 法就是基于“最近发展区”的框架提出的一种简单并行之有效的目标设定法，包含五个特征：具体的（Specific）、可测量的（Measurable）、实际的（Attainable）、相关的（Relevant）、有时限的（Time-bound）。因此家长在给孩子定目标、提要求时可以参考该方法。

第一，合理恰当的要求，首选是正向的。因此，当我们给孩子提要求时，要先进行思维和语言表达的转化，将“不要”“不许”等否定模式转化成“我希望”“我建议”等肯定模式。比如，将“不要大声吵闹”转化成“咱们小点声说话”，将“衣服袜子不要乱扔”转化成“记得把换下来还要继续穿的衣服挂到门后的衣架上，脏衣服放到洗衣篮里”。

第二，合理恰当的要求，应当具备具体性和可衡量性。具体、可衡量的要求意味着要求是具体、清楚的，并且具有行为上的可操作性，孩子听到要求就知道应该怎么做，不会产生理解上的偏差。比如，很多家长把“好好学习”挂在嘴边，但这就是一个模糊的要求，如果变成“儿子，我希望你每天放学回来做完作业之后，再做一页妈妈给你准备的数学口算，听一集古诗讲解并完成打卡”就更明确、具体，也具有可操作性；家长告诉孩子要“早点睡觉”，就不如直接跟孩子说“我希望你在 9：30 之前洗漱完成，然后上床睡觉”。明确、具体、具有行为可操作性的目标，可以让孩子更清楚自己到底要做什么，而不是模棱两可，这样的目标和要求对孩子的行为就更具有指导性。

第三，合理恰当的要求，需要具有现实性，即跟孩子的实际水平相匹配。很多家长都有让孩子考清华北大的梦想甚至执念，可真正能考入清华北大的有多少人呢？当目标远高于孩子的实际水平时，它就不具有动力性了，于孩子而言就变成了摆设。就像案例中小明家长给小明定的考重点高中这个目标一样，对小明来说，实现的可能性估计不到5%，概率这么低，孩子怎么会有动力？有的家长可能会说："求上得中，求中得下！我那是为了激励他，只有目标定得高一点儿，孩子才会努力呀。"殊不知，这不仅起不到激励的作用，反而会让孩子产生习得性无助。习得性无助是心理学上的一个术语，指的是个体由于遭受到无法控制的连续失败，而陷入一种无助、无望和缺乏自信心的心理状态。

目标是用来激励孩子、明确方向的灯塔，而不是逼迫孩子的鞭子，更不是用来将孩子击垮的利器。因此，家长给孩子提要求的时候，需要站在孩子的角度上，而不只是从家长自己的角度或标准出发，符合"最近发展区"的目标才是有效的目标。等孩子在当前最近发展区上有所突破之后，再循序渐进地挑战更高一些的目标。渐渐地，那些看似天方夜谭的理想也不再是遥不可及的梦，但一步登天或操之过急是不可取的。

第四，合理恰当的要求，需要考虑这个眼前的要求是否与孩子的长远目标和规划相符。合理的要求通常与长远的目标相关联，然后基于现实拆分成小目标。如果家长跟孩子定下的长远目标是当一名钢琴家，那家长给孩子提的要求和具体目标就应该是跟钢琴学习有关的，比如，每天练习30分钟钢琴，在小学一年级尝试第一次钢琴考级等，这样的要求就更有利于促进孩子朝着钢琴家的目标发展。但如果家长的要求是让孩子每天跑3公里，就对钢琴家的目标达成没有太大的激励作用了。

最后，合理恰当的要求，需要有明确的时间表，并在规定的时间期限内完成。如果对孩子的要求有时限性，则更有助于将要求转化为孩子的实际行动，避免拖延，减少“只喊口号，不见行动”的局面出现。如果家长希望孩子学中国舞更有效果，就鼓励孩子考级，那么，家长对孩子说“宝贝，我希望你在小学毕业之前中国舞考过八级”就比“宝贝，我希望你去参加中国舞八级考试”更合适，因为前者有时间限制。

除此之外，为孩子的目标达成设置一定的奖惩措施也是很重要的。家长提前了解孩子的喜好，知道什么样的奖励是孩子想要的。比如，孩子一直想要的一部卡通相机，或者放假去迪士尼乐园或环球影城游玩的机会。那么就跟孩子约定，如果他中国舞八级考试通过了，就奖励他小学毕业的暑假去迪士尼乐园玩。

在小明的案例中，家长给他提出什么样的要求，才能真正激励小明努力学习呢？基于前面的原则，虽然小明家长希望小明考那所重点中学，但明显小明当前的成绩离那个目标还很遥远。因此，小明的家长必须先了解小明现在的成绩状况，评估他短期之内在得到老师或其他人有效帮助的情况下能达到的最佳水平。比如，经过评估，小明当前总分能考540分左右，如果在学习状态好又有老师帮助的情况下，有望达到560～570分，那么家长就可以给小明提出这样一个要求：希望他在初三上学期的期中考试中能考到560分，如果小明达到了这个要求，家长就奖励小明周末带他去买他一直想买却舍不得买的机器人玩具套装。

二、与孩子一起制定规则——亲子行为契约法

记得在我女儿小学的时候，有一次我发了一个朋友圈分享我女儿如何成功制订和执行每日计划。当时一个同学家长看到我的朋友圈就非常惊讶，为什么我女儿的每日计划执行得这么好，但是她女儿的每日计划总是以失败告终？我就问了她一句话：“您女儿的计划是您制订的，还是女儿自己制订的啊?”她非常坚定地说：“肯定是我给她做的计划表啊!”没错，

这就是关键点，我女儿的计划是以她自己的意愿以及对自己的评估为基础，我们一起制订的。如果给孩子的规则，不是基于家长单方面的意愿制定的，而是亲子通过协商之后共同制定的，那么这样的规则执行起来就相对更容易。

“只许州官放火，不许百姓点灯”的规则是不合适的。为了让规则能更有效地执行，最好就是一视同仁，家庭成员一起遵守规则。家长们可以尝试采用亲子行为契约法来更有效地共同制定和执行规则。亲子行为契约法是通过亲子双方的共同协商，把要改变的行为、要养成的习惯做成带有激励方式的契约条款并执行，以此改善亲子关系，并培养孩子的自主学习、目标和时间管理能力、“言必行，行必果”的契约精神。亲子行为契约包括这样几个步骤。

第一步：填写目标行为。在填写目标行为时要兼顾目标设定的几个特点，即正向的、具体的、可操作化的、实际的、有时间期限的，具体详见前面第一节关于“提出合理恰当的要求”的内容。

第二步：商定奖惩清单，符合奖惩五原则。亲子契约的奖惩设置是必要的，因为奖惩是契约执行情况的反馈，也是亲子双方承担责任的体现。奖惩五原则：(1)相互成就是本质：相互成就的意思是让孩子学会通过自己的努力获得想要的，而不是通过让别人出错获得自己想要的。奖惩要对应目标行为的主体，孩子喜欢的事情，放在对孩子的奖励中，不要放在对家长的惩罚里。不要以惩罚孩子作为家长的奖励，也不要以奖励孩子作为家长的惩罚。(2)物质精神两手抓：奖惩可以是具体的、金额适当的物品，比如孩子想要的文具、玩具、食物；也可以是玩手机的机会时长、出去玩的机会时长等。(3)及时反馈很重要：要在目标行为出现或者未按预期出现时尽快给予反馈，不要积攒很多次再集中回顾。(4)量化指标不可少：参照目标的量化指标要求。(5)有60分就好：给目标加上“缓冲带”，比如，孩子听到家长或闹钟提醒的三分钟内放下玩具去学习是可以接受的，不一定要毫无空隙、立即、马上。严于律己，宽以待人。

第三步：签字承诺，亲子双方签字就代表认同且愿意执行契约上的内容。行为契约是一个需要家长和孩子来签订的模板，具体包含以下内容。

1. 面对孩子

①孩子需设置一个目标。行为就是孩子需要做出什么变化，制定一个什么样的目标。比如，提升学习成绩，还是强化早起习惯，还是提高运动能力，这些都是可以作为目标来设定的。②对孩子实施奖惩措施，也可以叫激励措施。需要有一些激励的措施来帮助孩子去承担他行为的结果。如果结果是好的，他就享受成功的喜悦，如果结果不好，他就要承担相应的责任。这样孩子就学会了自己去负责任。

2. 面对家长

①家长需设立家长条款。家长都赞同"家长要当孩子的榜样""家长要和孩子一起进步"等说法，但是在实际情况中，就会发现家长根本没有做到。所以模板里有两个部分，上半部分针对孩子，下半部分针对家长自己。家长在约束、要求和监督孩子的同时，也要约束和要求自己，并接受孩子的监督，因此家长也需要找到一个自己需要提升的目标，可以是锻炼身体，也可以是阅读书籍，有的家长还给自己定下要去学习插花、听音乐等发展目标。②对家长实施奖惩措施。家长的奖惩措施可以由孩子来制定。比如，家里可以设立一个共同基金，如果妈妈完成了自己定下的目标，可以用这个共同基金奖励妈妈看电影或者逛街等；或者妈妈实现了某个目标，可以让爸爸拖一次地之类的。不管是怎样的奖惩措施，一定是一家人通过协商、共同认可的方案。

案例

多多写作业的时候总是不专心，一会儿去上厕所，一会儿去冰箱拿吃的，一会儿又跑去客厅看电视，常常要在晚上11点多钟才写完作业。妈妈很担心多多的身体和睡眠，于是采用亲子行为契约法帮助多多改变他的行为，同时妈妈也给自己制定了锻炼身体、阅读书籍的发展目标，和多多一起执行。一起来看看多多和妈妈制定的亲子契约吧！

行为契约

目标行为：

我李多多（孩子的名字）承诺：在接下来的7天（时间）完成：①每天在21：00前完成家庭作业，完成作业前不随意离开椅子去做无关的事情，比如看电视、吃零食之类的。②作业字迹工整，正确率在90%以上。

奖惩：

如果孩子做到以上承诺，则①当天完成目标，可以自由活动15分钟，连续7天完成目标，可以全家出游一次，地点由多多定。②连续7天完成目标，多多可以买一份自己喜欢的礼物(费用不超过100元)。

如果孩子做不到以上承诺，则①当天没有完成目标，取消多多周末15分钟玩电子游戏的时间。依此类推。②7天都没有完成目标，没收多多手机。

目标行为：

我张小蓝（家长的名字）承诺：在接下来的7天（时间）完成：①每天放下手机2小时。②跳健身操15分钟，看书15分钟。

奖惩：

如果家长做到以上承诺，则①当天完成目标，奖励儿子一个拥抱。②连续7天完成目标，周末两天都不做饭，由多多爸爸负责。

如果家长做不到以上承诺，则①一天目标未完成，取消网上购物一次。②7天目标未完成，周六日两天都做饭。

承诺人：李多多、张小蓝

见证人：李强

日期：2024年3月24日

图3-2　多多和妈妈的亲子契约协议

第四步：填写执行记录表，每天及时填写。这张执行记录表可以贴在家里的墙上，显示家庭成员中每一个人的执行情况，共有三个原则：(1)完形原则。当你看到执行记录表中有空缺的地方，就会特别希望把这个空填上，或者打个对勾。(2)展示原则。可以在这里面看到孩子和家长的变化是什么，能够进行对比。有很多家长反馈说："有了这张表，我才意识到其实不是孩子的问题，是家长自己的问题。孩子这几天执行得都特别好，但是家长可能只执行了两天就坚持不下去了。"所以通过这样的展示，让家长自己意识到自身的问题，这种方式比跟家长口头述说要更有用。(3)寻因原则。执行记录表可以帮助家长看到一些潜在的规律，比如，孩子总是在周三完不成他的任务，可能是由于某种原因导致的，可能周三有一些别的课，或者周三有一些事情，使得孩子在这天无法完成设置的目标。因此，通过执行记录表家长是可以帮助孩子找到原因的。

案例

在接下来的7天中，多多和妈妈一起根据亲子契约协议，执行自己的目标。有时多多没有完成自己制定的目标，有时妈妈也没有完成自己制定的目标，多多和妈妈都会受到相应的惩罚；如果他们完成得好，也会有相应的奖励。

表1-1　多多和妈妈的契约执行记录表

家庭成员	目标行为	3月25日 星期一	3月26日 星期二	3月27日 星期三	3月28日 星期四	3月29日 星期五	3月30日 星期六	3月31日 星期日
李多多	1. 21点前完成作业，不得随意离开椅子	√	√	×	√	×	√	×
	2. 作业字迹工整，正确率在90%以上	√	√	√	×	√	√	√

续表

家庭成员	目标行为	3月25日星期一	3月26日星期二	3月27日星期三	3月28日星期四	3月29日星期五	3月30日星期六	3月31日星期日
张小蓝	1. 放下手机2小时	√	√	√	×	×	√	√
	2. 跳健身操15分钟、阅读15分钟	√	√	√	√	√	×	√

未完成：×　部分完成：◎　全部完成：√

三、与孩子一起制定规则——家庭会议法

家庭会议是一种很好的家庭沟通方式，借由家庭会议的开展，既可以增进亲子之间的情感联系，缓和亲子矛盾，又可以提升家庭成员共同解决问题的能力。

一场温馨有效的家庭会议如何开展呢？具体包括以下几个步骤。

1. 介绍流程

第一次召开家庭会议，可以先介绍家庭会议的步骤。“今天第一次召开家庭会议，我先介绍一下家庭会议的步骤和流程，然后我们一起来练习一遍，每个家庭成员熟悉流程之后，以后召开家庭会议就不需要进行这个步骤了。”

2. 准备话筒

话筒可以是一个假道具，如矿泉水瓶或者笔筒，当然买一个真的道具话筒也是完全可以的。话筒的主要用途在于作为家庭会议过程中每个人的发言棒，是一个标志物，意味着手持话筒的人可以发言，其他人作为听众，话筒轮流使用。“在我们的家庭会议里面，每个人发言的时候，可以使用这个话筒。轮到谁说话，谁使用这个。没有轮到的，就先耐心等待，做个好听众。”设置话筒是保证每个家庭成员都有平等的机会发言，并且保证每个成员都要耐心听别人的发言。

3. 致谢和感谢

每次家庭会议开始之前，每个成员要先轮流致谢，这个练习可以增进家庭成员之间的情感联结。可以使用“我想感谢……为我做了……”这个句式，例如：“我想感谢爸爸妈妈在我生日的时候，为我做了我最喜欢吃的草莓奶油蛋糕，给我买了最爱喝的奶茶，谢谢爸爸妈妈!”这个环节看似有点客套，但这种积极的开始可以为后续的问题解决创造良好的氛围，不至于“剑拔弩张”。

4. 提出议题

这个是家庭会议里面很重要的一个环节，家庭现阶段最想解决什么问题，是孩子的问题，如迟到、作业拖拉、兄弟争吵等，还是家长的问题，如家务分配不合理、家长之间意见不统一等。从所有话题中选择一个大家都觉得有必要讨论的话题开展家庭会议。注意议题的提出要用温和、商议的语气，不要用咄咄逼人或者带有指责、否定的语气，特别是不要一开始就指出孩子的各种问题，这会让孩子失去对家庭会议的兴趣。

5. 头脑风暴

每个人都可以提出一些解决方案。头脑风暴的时候，可以说一些疯狂的、好玩的想法，这样才有趣，孩子就是喜欢一些疯狂的想法。注意这一阶段，任何人不得对已经提出的方案进行评价，尤其不能批评或否定别人的方案。

6. 记录方案

每次家庭会议都需要设置一个记录员，把每个人的想法都记录下来，如果孩子太小，书写能力有限，可以由家里的大人或年长的孩子来记录。

7. 评估方案

并不是所有的方案都是可行的，家长和孩子需要对每个方案逐一评估。

8. 选择方案

筛选出每个成员都同意的方案，需要注意的是，确定下来的方案并不代表一定能解决家庭会议中提出的问题，因此可以先试行一周，下周开会的时候再讨论这个方案的效果，如果有效果，可以继续实施，如果没有效果，还要讨论如何改进方案。

9. 娱乐活动

会议的最后，每个家庭成员可以轮流选择自己喜欢的娱乐活动，如吃点儿美食、玩会儿跳棋等。让家庭会议愉快地开始，愉快地结束。

接下来，通过一个案例来熟悉一下家庭会议的过程。

案例

玲玲最近上学总是迟到，每天早上妈妈去房间里叫玲玲起床，玲玲都起不来，还冲妈妈发脾气。玲玲的家长想就这个问题召开一次家庭会议。

爸爸："今天我们按照每周一次的惯例，召开家庭会议，商议最近家里要解决的重要问题(介绍规则)。跟往常一样，我们这次仍旧选择矿泉水瓶作为发言棒，待会儿轮到谁，谁就开始发言，没有轮到的，先耐心等待，听别人说话(准备话筒)。这次会议的主持人是爸爸，记录人是玲玲，监督人是妈妈(介绍分工)。首先，我们开始第一个环节，每个成员轮流致谢。我先来吧，感谢妈妈这周在我生病的时候，忙前忙后照顾我。感谢玲玲在我生病的时候，为我拿药、倒水。"

妈妈："感谢爸爸这周坚持带病帮忙做家务，把厨房收拾得很干净整洁。感谢玲玲这周在妈妈照顾爸爸的时候，能够自己独立上下学，并且每天都自觉地按时写完作业。"(轮流致谢)

玲玲："感谢爸爸这周辅导我数学作业，爸爸生病了也耐心地给

我讲题。感谢妈妈这周在这么忙碌的情况下，还为我准备好了丰富的春游零食。”(轮流致谢)

爸爸：“感谢每位家庭成员的辛苦付出。接下来，每个成员可以提出最想商议解决的议题。”

妈妈：“我想就玲玲早上起床困难的事情说一下。这一周，爸爸生病了，玲玲很懂事，每天自己上下学，晚上自己按时写完作业后，就自己洗漱睡觉了。但是呢，第二天早上，玲玲起床上学就不是那么高效，有两次因为没能在闹铃响之后及时起床导致上学迟到的情况，并且我提醒玲玲动作快一点儿的时候，玲玲还会发脾气。我很苦恼，不知道怎么解决这个问题，想大家一起商量一下，可以吗?”(提出议题)

爸爸：“我同意妈妈的议题。”(就家庭会议的议题达成一致)

玲玲：“嗯……好吧，就先讨论这个吧。”(孩子有点不情愿，但是也同意了)

爸爸：“玲玲先说一说，早上起床遇到了什么困难呢？需要爸爸和妈妈怎么帮助你解决这个问题呢?”(先让孩子发表想法，表达了对孩子的尊重)

玲玲：“嗯，我其实并不想赖床，也不想上学迟到。可是，最近快期中考试了，我压力特别大，晚上虽然早早上床了，可总是要很长时间才能睡着，半夜还总醒，到了早上该起的时候，我就昏昏沉沉的，起不来。闹铃响了，我还有点迷迷糊糊的，我没睡好又不得不起来上学，就有起床气，妈妈又不停进来催促我，我就感觉更烦躁了，最后就冲妈妈发了脾气。”(孩子解释原因)

爸爸：“嗯嗯。那玲玲你自己想怎么解决这个问题呢？毕竟要上

学，不能总迟到。”（头脑风暴，先让孩子思考解决方案，表达了对孩子的尊重）

玲玲想了想说：“我想让妈妈给我买个铃声很响的闹钟，到时候我设定好时间，闹钟使劲响，我被吵得睡不着，就会起床了。”（孩子自己提出解决方案）

爸爸：“嗯嗯。这是玲玲的方案，妈妈有什么想法呢？”（询问妈妈的意见）

妈妈：“我觉得依靠玲玲自己起床会有些困难，可能还是需要妈妈协助叫醒。我算了一下，玲玲到校时间是8点，按照玲玲的习惯，刷牙洗漱需要10分钟，在家吃早餐需要15分钟，从家里走到学校需要15分钟，我觉得我可以在7点10分的时候进门叫玲玲，打开玲玲卧室的窗帘，利用阳光帮助玲玲起床。如果玲玲不介意，我还可以轻轻过去拍打她的背部，唤醒她，因为背部正中是督脉，顺应身体运行规律，会使阳气上升，人就会慢慢醒来。”（头脑风暴，妈妈提出了另一个解决方案）

爸爸：“嗯嗯，这是妈妈的方案。爸爸现在提出一个综合方案，给玲玲买一个声音很大的闹钟，把闹钟的时间设定在7点，如果闹钟响了10分钟，玲玲还没有醒，那妈妈就过去叫醒玲玲，打开窗帘，过去轻轻拍拍玲玲。妈妈只需要叫玲玲一次，如果玲玲还不醒，那就只能自己承担上学迟到的后果了。”（爸爸提出了一个综合方案，并提出了自然惩罚后果）

爸爸继续说：“好了，目前有三个方案。方案1：给玲玲买超级响的闹钟，玲玲自己醒。方案2：妈妈人工叫醒玲玲。方案3：买闹钟＋人工叫醒。请妈妈把这几个方案记录下来，现在我们一起讨论一下哪

种方案比较合适。”(记录方案，讨论方案的可行性)

玲玲：“我想要自己管理时间，不同意方案2和方案3。”(玲玲率先发表意见)

妈妈：“之前玲玲有闹钟，也没有醒，所以我觉得再买一个铃声很响的闹钟也无济于事。我选择方案2。”(妈妈也表达了自己的意见)

爸爸：“起床上学是玲玲自己的事情，需要玲玲自己去解决，家长不可能永远跟在孩子后面跑，既然玲玲想要管理的自主权，我觉得还是要信任玲玲，所以我选择方案1。”(爸爸表达了意见)

经过三人的投票，方案1获得2票，最后决定采用方案1。(选择方案)但是这个时候，爸爸又说话了：“针对方案1，我想提出一些补充意见。如果给玲玲买了铃声很响的闹钟，但是闹钟响了很多次，玲玲还是不起来，要怎么办呢？有没有一些惩罚措施?”(对选择的方案进行补充修改)

玲玲：“如果闹钟响了，我仍旧赖床导致上学迟到，那就扣掉我的零花钱，赖床一次扣100元。”(孩子自己提出惩罚措施)

爸爸点了点头，感觉方案可行，于是妈妈把最终选择的方案记下来，打算之后贴在家里最显眼的位置。(选择方案)

家庭会议持续了20分钟，商量完之后，玲玲和爸爸妈妈吃了一点儿零食和甜点，愉快地结束了本次会议。(娱乐时间)

在家庭会议中，亲子间彼此尊重，充分表达自己的想法，有利于营造温馨民主的家庭氛围。但是家长要警惕“假民主”的亲子沟通模式，即在家庭会议里面，看似家长给孩子一些表达想法和意愿的空间，最终也达成了一致，但这种平等和尊重只是表面的，最终的决定权仍旧在家长手中。比如以下这个例子。

妈妈："这周六晚上我们全家一起去餐厅吃饭，你想去吗？"

孩子："我和几个同学约好了要一起去给好朋友彤彤过生日，我能不跟你们去外面吃饭吗？"

妈妈："爸爸妈妈难得有时间能跟你单独去外面吃饭，你要不要再考虑一下？"

孩子："可是我很早就和同学约好了，而且彤彤是我最好的朋友，我也很想去跟他们一起庆祝。"

妈妈："爸爸妈妈也很想和你在一起啊。等你上了大学，我们一家人就很难聚在一起了。同学可是天天都能见的，而且你可以下周一上学的时候把生日礼物带给她啊。"

孩子："好吧。"

家长虽然给了孩子表达的机会，却没有真正考虑孩子的需求和感受，只是在看似民主的氛围中，努力说服孩子接受家长的安排。因此，家长在进行家庭会议的时候，非常关键的是，要让孩子真正感受自己的意见被尊重、自己的想法被认可。

家庭会议内容	时间：
本次议题：	主持人：
	记录员：
	监督员：
具体操作：	
致谢环节：	
议题：	
头脑风暴：	
共同决定：	
执行时间：	
反思：（做得好的地方或者不足的地方）	

图 3-3 家庭会议记录

第二节 温柔而坚定地执行规则

一、坚定不等于强硬

坚定是指家长在教导孩子的时候做到自己应该做的，目标明确，不受干扰。而所谓的“强硬”，是态度上的强势，指家长通过粗鲁、强迫、命令甚至惩罚性的语言或行为，让孩子听从自己的安排。坚定不强硬，意味着家长在制定一些合乎逻辑的规则时，态度要坚决，并用温和的方式拒绝孩子提出的不合理要求，而不是满足他们想要的一切。这样孩子才能迅速地从家长的态度与行动中明白道理，并学会为自己的行为负责。不过，坚定而不强硬，说起来容易但做起来难。

案例

黎黎13岁，上初一了，前些日子，老师给妈妈打电话，说黎黎这几天作业不认真，让家长注意一下。黎黎妈妈跟老师反映，黎黎从小学开始，写作业就总是拖延，现在上了初中，每天放学回家就拿着平板电脑打游戏。如果家长要求他做功课，他就说晚饭后做。可事实却是，饭后黎黎再次以吃太饱为由，要休息至少30分钟，然后再开始做作业。在这期间，黎黎还把电视打开。半小时后，妈妈开始催促黎黎去写作业，黎黎根本不搭理，继续看电视。妈妈一催再催，见黎黎还是一动不动，就直接走过去把电视关了。黎黎见妈妈关了电视，大吼一声："干什么关电视，我每天学习那么累了，放松一会儿，不行吗?"他瞪了一眼妈妈，转身回卧室，"砰"的一声把门摔上了。就这样，黎黎每天都拖到八九点才开始做作业。周末的时候，黎黎也都是周日下午才开始做作业，总以各种理由拖延。这让黎黎妈妈无可奈何。

经常说教育孩子的时候要"温柔而坚定"，但事实上，家长会发现温柔的时候就很难坚定，而坚定的时候就容易强硬。如果家长对待孩子的态度是温和而不强硬的，就难以坚定地守住原则和底线，因为孩子可能用各种方式来"试探"和"挑战"温和的父母，如装可怜、哭闹、发脾气、视而不见等。当家长态度坚决时，又很难一直保持温柔和耐心，而是容易变得强硬，如用威胁、吼叫、恐吓、发脾气等方式来跟孩子交流，命令和控制孩子听从自己的指令。很多家长到最后就会得出一个结论：温柔不管用，只有吼叫才能制服孩子。就像案例中的黎黎妈妈，面对黎黎做作业拖拉，从温柔地提醒到不耐烦地催促，到最后发怒强行关电视。这一系列的行为似乎都在传递一个信号：家长温柔以待，孩子得寸进尺，非逼得家长使用暴力，孩子才乖乖听话。长此以往，家长的权威感越来越打折扣，而亲子关系也会日渐亮红灯。

教育孩子，坚定是必不可少的，这意味着家长需要有底线。家长有了底线，孩子才会有明确的界限，才会有规则和自我约束的意识。家长其实可以不用暴力就为孩子立下规矩，秘诀就在于：知道如何“温柔又坚定”。那具体可以怎么做呢？

1. 温和的态度

(1)非言语信息的柔和，如眼神、语气、语速、声调、肢体动作等，让孩子感受到“温和”和“平静”。比如，即使孩子犯了错，也要看着孩子的眼睛说话，眼神是柔和的；说话的语气尽量平和，声调和语速适中，切忌大声斥责和叫嚣。(2)语言的平和。第一，把威胁式的语言转换为家长的感受表达和正面引导。比如，把“你再一边写作业一边玩平板电脑，我就把你的平板电脑给砸了！”转换为“今天班主任刘老师打电话给我，说你最近的作业错误率比较高，这让妈妈感到有些担心(说出感受)。妈妈发现这跟你平时写作业的习惯有关系，妈妈觉得你可以在放学回家之后先把平板电脑交给我保管，等认真写完作业之后，妈妈再把平板电脑还给你，你再放松地玩(引导纠正、建议)”。第二，把否定式的语言转换为肯定式的语言。当家长不希望孩子去做某些事情时，尽量避免使用“别”或者“不要”“不准”之类的否定式表达，相反，应该直接告诉孩子家长期望的正面行为。比如，把“碗里不要剩饭剩菜”转换为“宝贝，要把饭吃光光哦”，把“不要吵闹！”转换为“宝贝，我们试着小声、慢慢地说话”。

2. 坚定守住原则和底线

我们在第一节关于规则制定的内容，详细地介绍了如何通过“亲子行为契约法”和“家庭会议法”等方法来制定有效的规则和规则执行的措施，包括一些具体的奖惩办法。当家长提出恰当合理的要求，或者跟孩子协商出一个行为计划之后，就要严格按照计划执行。有时，“狠心”是必要的，家长不能因为孩子的哭闹、撒娇、卖萌、撒泼打滚、装病装可怜等行为而打破规则，突破底线。如果家长给孩子制定了规矩，定下了契约，却不贯彻执行，孩子就会觉得无所谓，对家长说的每一句话都不会放在心上，对家长的承诺也不会相信。相反，家长前后一致、言行一致，孩子就会更清楚行为的界限，知道自己该怎么做，并且对生活的控制感和安全感也更强。

二、有效跟进，前后一致

有的家长在养育孩子的时候比较随性、随意，经常会心血来潮给孩子定下规矩和目标，但却有头无尾，后续没有任何跟进，不能持之以恒。可能家长心情不好的时候就对孩子更严格，心情好的时候就对孩子更宽松，工作忙的时候就无暇顾及规则的执行，工作闲的时候就天天盯着孩子监督其遵守约定。这种随意、不一致的规则执行，不仅让目标丧失了其引导作用，契约丧失了其约束作用，还让家长在孩子心目中的权威感逐渐丧失。而这样养育出来的孩子，大概率也会比较随性，难以持之以恒地朝着目标努力。因此家长在教导孩子时，为孩子设立合理恰当的目标只是第一步，还必须有效跟进，让孩子在明确的目标引领下，一步一步实现期待的行为。

当我们通过“亲子行为契约法”或“家庭会议法”制定了合适的规则和行为计划之后，可以采用以下步骤进行有效跟进：告知规定、预警提醒和坚定执行。

上一节案例中的黎黎如果没有按照之前制订的计划行事，出现严重写作业拖延，妈妈要言行一致。(1)告知规定。先直接跟孩子温和地说："宝贝，之前你跟妈妈制订了打败拖延计划表，我们约定好的，如果你当天没有在规定时间完成作业，你就不能看电视哦。"(2)预警提醒。妈妈同时嘴里提醒孩子："今天你还没有在规定的时间完成作业，是不能看电视的，现在妈妈要走过去把电视关了哦。"(3)坚定执行。妈妈说完，就静静地走到电视旁边，关掉了电视。这时，可能黎黎不会因为知道自己违反了规定，就乖乖地"听话"了，他可能会抱怨、发脾气，这时候妈妈需要忽视他的这些行为，只要让自己情绪保持稳定就可以了。孩子从这个过程中，就会知道家长是说话算话的，会坚持自己的原则，自己的"软磨硬泡"都没用。渐渐地，他就会从家长的行为和他自己的行为中学到遵守规则和承担责任。

第三节　冲突管理

不论孩子多大年龄，总会和家长发生这样或那样的冲突。亲子间有冲突不可怕，可怕的是旧的冲突还没解决，新的冲突又接踵而来。更可怕的是，家长面对亲子冲突时，没有及时通过积极有效的方式进行应对和处理，让冲突摧毁了亲子之间的感情。事实上，冲突并不总是不好的，如果冲突处理得当，甚至还能增进亲子之间的感情。因此，当亲子冲突发生时，家长需要对冲突进行及时、正面的冲突管理。

一、避免权力之争

如果仔细观察就会发现，许多家庭里都有或明或暗的权力斗争。最常见的是，家长用催促、吼叫、威胁、打骂等手段来迫使孩子就范。还有一些看似没有问题的做法，如家长以自我牺牲、情感绑架等方式，让孩子产生内疚、自责的感受，从而让他们不得不听从家长的安排。

案例

每天晚上 9：00，是 7 岁的小文上床睡觉的时间。8：40 的时候，妈妈轻声说："小文，来，该睡觉了。""还没到时间呢，妈妈，我不想睡。"妈妈继续哄劝："现在你该上床了。"小文争辩道："等一会儿，我要把这张画涂完色。"妈妈开始大声命令道："你现在就过来，明天再涂。"妈妈想把小文的东西拿走，小文开始尖叫，并把蜡笔抓过来，夹在胳膊下面不让妈妈拿。妈妈犹豫了一下，不想和他拉扯，就妥协了一步说："好吧，那你就把这张画涂完。"小文再次开始涂色，嘴角露出胜利者的微笑。

什么叫权力之争？即面对同一件事情，家长通过对孩子的控制、强迫等手段来实施自己的权力，而孩子也通过尖叫、哭闹或撒娇的方式来拒绝和反抗家长，以获得自己的权力。家长过强的控制欲、粗暴强硬的态度、命令式的口气……都是导致亲子之间发生权力争夺的常见原因。案例中的妈妈和小文都在为上床睡觉争夺自己的权力，妈妈本来是想好好提醒小文，但是小文却不肯遵从约定，于是妈妈想拿走他的画笔，让他无法继续画画，但是这个时候，小文开始尖叫，表现出抗拒，妈妈心软犹豫了一下，最后妥协让小文继续涂色，得偿所愿的小文露出了胜利者的微笑。最终，在小文和妈妈的权力斗争中，小文获胜。

值得注意的是，案例中的小文和妈妈的权力之争是比较外显的。除了这种外显的权力争夺，还存在隐蔽性的权力争夺。有些时候，看起来是家长赢了，孩子表面上没有明显的拒绝或反抗，但在孩子的内心深处其实是在默默地与家长进行着权力的较量，比如，有些孩子会有意无意地敷衍、凑合、拖延，不好好做事情或者故意搞砸，用一种家长想不到的方法来表现出无形的对抗，进而“宣告”自己的权力。比如，家长让孩子去买酱油，孩子不愿意出门，家长就逼着他去，孩子也没办法，表面答应，可是带回来的却是醋。

权力之争的表现形式多种多样，家长如何识别是否跟孩子陷入了权力之争的旋涡中呢？这里提供几点，以供参考。(1)关注自己的感受和情绪。面对孩子的行为，家长是否感觉到被挑衅、被威胁、被击败。(2)关注自己的行动措施。面对孩子的挑衅、威胁，家长这时最想采取的行动是否是应战模式“看我怎么收拾你”和投降模式“算了，不管了”。(3)关注孩子的行为表现。面对家长采取的应战、投降模式，孩子是否变本加厉了，或看到家长被激怒或干脆妥协，孩子会显得很得意，觉得自己赢了。(4)关注孩子行为背后的想法、信念。孩子心里是否产生“只有当我说了算、事态由我来控制或没有谁能指使我时，我才有归属感或安全感!”，或者“我的事情我自己做主，你们无权干涉!”这些可以让他获得操控感和独立权的想法。如果出现以上这些现象，那家长基本上就陷入了与孩子的权力斗争中。

当家长和孩子陷入权力争夺时，亲子之间已经不只是在理性地处理发生的问题或规则执行本身，而是在乎到底“谁做主、谁服从”的关系权衡。家长总是想要孩子服从他，以彰显自己的权威；孩子不愿受到控制，会用反叛的方式来捍卫自己的权力。亲子之间的和谐与信任消失，取而代之的是争执与敌意，本该温馨有爱的家变成了剑拔弩张的战场。因此，家长在教育孩子的过程中，要尽量避免与孩子间的权力之争。那么，具体可以怎么做呢？

第一，要想避免权力之争，家长要懂得跟孩子建立“边界感”或“界限感”。

亲子之间的界限不清，家长就容易把握不好“管教”孩子的度。当家长对孩子管得太多、干涉太多，孩子就会感到自己的自主空间和权益受到侵犯，便会采取一些特定的行为来反抗家长的过多管束，从而争取自己的权力；而另一个极端就是，家长完全放弃对孩子的管教，让孩子放任自流，没有了归属感。当然这种边界也会随着孩子的年龄不断发生变化，可能小的时候对家长言听计从的孩子，突然有一天事事跟家长对着干，这个时候，家长就需要站在发展的视角，重新审视孩子行为背后的需求。可能孩子认为自己长大了，不希望家长把自己当成小孩一样约束，而是希望自己可以在发型、衣着、朋友等方面有自我选择权。因此这个时候，家长就需要根据孩子的反应，适时调整界限，在合情合理的范围内，给孩子更多的自主空间，这样既能避免亲子之间不必要的权力之争，也有利于促进亲子关系的和谐。

第二，想要避免权力之争，家长要对亲子间的对立情绪保持警觉，并懂得暂时退出权力之争。

德雷克斯指出如果战争双方中一人退出，战场上只剩另一人，战争便会自然消弭。因此，面对陷入权力之争的孩子，家长退出战争是解决问题的关键。而要做到这一步，就需要家长察觉到“斗争”及其背后的机制。家长可以根据前面所讲的内容，判断是否和孩子陷入了权力之争的旋涡，如果是，家长要第一时间觉察，并用“超然的局外人心态”来观赏那个“正在发脾气的自己”，慢慢让自己的情绪冷静下来。当然，这种觉察反应需要时间，所以必须要先让自己冷静几秒再做判断。在这里可以采用“短暂分离”的方法，比如，物理上的分离，离开斗争的场所，去洗手间、去另一个房间；再如精神上的分离，跳出正在争执的内容，让大脑处理一点儿别的事情；甚至做几个深呼吸，就会有退出权力之争的机会。案例中的小文妈妈面对孩子一直涂画不上床睡觉的行为非常生气，没有控制住自己的情绪，陷入了跟孩子的斗争之中，就是因为觉察斗争的能力不足，如果她能在孩子尖叫哭闹的时候，深呼吸几下，然后短暂地离开房间，等自己和孩子的情绪冷静下来，再采用前面所讲的“制定规则”和“执行规则”的方法理性处理和孩子之间的问题，孩子就不会总是跟家长争夺权力了。

第三，想要避免权力之争，需要家长在沟通的时候，尊重孩子平等的权利，不将自己的观点强加在孩子身上。

当双方对立的情绪没有那么紧张了，家长可以和孩子平心静气地坐下来，像对待同龄人一样对待孩子，请孩子帮忙一起找到对彼此都有用的解决方案，并予以鼓励和奖赏。在此过程中，不是用命令、威胁或者发脾气的方式去要求孩子或指出他们的问题，也不是要求孩子按照自己的要求执行，而是用 what(是什么)、how (怎么样)、why(为什么)等启发式提问的方式，让孩子自己找到问题的答案。比如案例中的妈妈可以说：“小文，现在 8：40 了，你打算接下来怎么安排，才能按我们之前约好的在 9：00 之前上床睡觉呢?”用启发式的提问避免陷入对立的关系。

第四，要想避免权力之争，家长还需要花精力修复面临危机的亲子关系，加强亲子之间信任、亲密的纽带。

在第二章的时候我们重点讨论了如何建立爱的关系。当亲子之间出现权力之争时，家长需要花点时间回顾一下相关的内容，用心倾听孩子这些对抗行为背后的感受和需求，将我们的焦点从表面的权力斗争行为转移到关注孩子内心深处可能因不被尊重、不被认可、不被信任而产生的挫败、孤单、愤怒等不好的感受。

要知道孩子犯错其实是一次难得的机会，家长要将犯错看作宝贵的学习和沟通契机，抓住契机引导孩子，“赢得”孩子的尊重与合作，而不是在权力争夺战中“赢了”孩子。

二、退出冲突

在任何一个家庭中，亲子间的冲突都是不可避免的。不过，亲子间的冲突并不总是消极的，有时候亲子冲突也有积极的一面，比如，当冲突浮出水面时，正是亲子之间通过沟通去消除误解、增进感情的好机会。特别是在青少年时期出现的冲突，通常跟孩子自身成长有关，也可以看作是孩子发育过程中“破壳而出”。因此，冲突其实是一个信号，让家长意识到应该用不同的方式去对待正在长大的孩子。

案例

小肖已经是一个14岁的大男孩了，上初中以后，小肖妈妈发现孩子越来越难管教，小肖的卧室总是乱糟糟的，头发长了也不剪，还买了一些很奇怪的衣服。小肖妈妈非常担心孩子跟别人学坏了，就打电话向班主任和同学了解情况，得到的结果是小肖在学校表现还不错。但是小肖妈妈还是不放心，趁着小肖上学的间隙，妈妈翻看了小肖的日记，发现他喜欢上了一个摇滚歌手，那个摇滚歌手的发型和穿着风格，跟儿子很像。

星期五晚上吃饭的时候，妈妈苦口婆心地跟小肖说：“孩子，你现在年龄还小，要把心思放在学习上，不要把时间浪费在那些无用的事情上，特别是追星这些事。”小肖一听妈妈这么说，有些纳闷儿妈妈怎么知道自己在追星，停了一会儿，小肖情绪十分激动地说：“你偷看我日记了?!你凭什么偷看我日记，凭什么不尊重我的隐私?!”说完，放下碗筷，夺门而出。渐渐地，小肖认为妈妈越来越不值得信任，跟妈妈的关系也渐渐发生了微妙的变化，一不留神就吵起来，光剪头发的事情就吵过不下十次。

亲子冲突经常表现为言语冲突、身体冲突、情绪冲突。(1)言语冲突：主要有争执、吵架，如孩子因为跟家长看法不一致，从而发生争论，甚至大吵大闹。(2)身体冲突：主要指双方发生身体上的对抗，如家长和孩子互相推搡，甚至拳脚相向。(3)情绪冲突：主要表现为情绪的对立(回避、冷漠、沉默)，如孩子用沉默的方式表达对家长的不满，拒绝跟家长沟通，或者独自待在房间里。家长与孩子的观点不同、亲子界限处理不当，以及双方情绪管理能力的缺乏等因素，都可能加剧亲子冲突。案例中小肖的妈妈觉得男孩子留长头发，违反了学校的规章制度，而且担心孩子追星学坏了，于是偷偷看了孩子的日记。但小肖自己却认为留这个发型没有任何问题，是自己向偶像致敬的一种方式，妈妈偷看日记的行为更是不尊重自己，侵犯自己的隐私，于是母子之间爆发了冲突。

案例中，小肖在娱乐、学习、着装、交友等方面的表现及“别干涉我的自由”的想法体现了青春期孩子寻求自主、独立的倾向不断增强，孩子希望从家长那里得到更多的尊重，获得更多自主的权利。因此，小肖对妈妈的安排有抵触情绪，并通过坚持自己的衣着、发型等方式来宣告自己的主权。此外，每次母子谈话时，妈妈总是高高在上，处于批评者的角色，让小肖感受不到尊重。所以，小肖对父母试图通过谈话让自己顺从的行为发起反抗。最后，小肖采用逃避的消极策略解决亲子冲突，这种策略让冲突持续存在，妈妈粗暴的处理方式使问题进一步扩大，导致家庭关系恶化，母子之间形成冷战的僵局。

在现实生活中，家长和子女之间经常会发生冲突。尽管亲子冲突在任何年龄阶段都可能发生，但是青春期是亲子冲突发生频率最高的阶段，大量的争吵集中在服装款式、发型、喜好的音乐、家务劳动参与度、休闲娱乐方式、生活习惯和时间管理方面。那家长可以怎么做，才能避免或者减少跟孩子发生冲突和冷战呢？

第一，要想避免跟孩子的冲突，家长需要避免跟孩子进行权力之争。关于这一点在前面已经讲过。家长跟孩子的权力之争很容易演变成亲子之间的冲突。案例中的小肖是因为想要和妈妈争夺独立权，所以才会刻意不去剪头发。事实上，发型、衣着这些都属于青春期孩子可以自主决定的范畴，只要孩子没有违反学校规定，不对自己的身心造成伤害，家长可以适当放宽对孩子的管束，尊重孩子的个性。这既能规避亲子之间不必要的冲突，还能让孩子的行为在松弛的氛围中朝着更健康的方向发展。

第二，在与孩子的冲突即将爆发时，家长要学会积极的“暂停”。什么叫作积极的“暂停”呢？相较于家长采用冷战、威胁等惩罚性方式，积极的“暂停”更倾向于用一种鼓励并感觉到自己有力量的体验，去教会孩子一种有价值的生活技能。“暂停”的目的其实是给双方冷静的时间，等到彼此都感觉良好、情绪平静之后，再尝试去解决这个问题。这种方式适用于家长，也适用于孩子。当家长采用积极“暂停”的时候，可以自己去户外逛一圈儿或者去健身房跑半小时步，总之，避免在双方情绪激动的时候与孩子进行正面交锋。比如，案例中小肖的妈妈可以在跟孩子发生冲突的时候，先语气温和地对孩子说：“妈妈现在情绪不太好，不太想说话，妈妈想先自己安静地待一会儿，等我们都心情平静之后，再来讨论这个事情。”然后就去家旁边的商场逛逛，或者约朋友出来喝个咖啡，以缓解自己的情绪。

第三，要想退出跟孩子的冲突，家长可以选择在适当的时候让步，并为孩子提供有限制的选择。比如，案例中的小肖想要保持跟偶像一样的发型，这并不是一个原则性的问题，但妈妈需要在心里把握一个界限，在界限范围内，允许小肖有自我决定的空间，给孩子有限的选择。比如，妈妈认为小肖染发是不行的，因为这违反了校规校纪，但是除了染发之外，妈妈可以给小肖提供多个选择，然后真诚地跟小肖说："孩子，妈妈知道你很崇拜自己的偶像，妈妈理解也尊重你的想法，但是染发的确不符合学校的校规校纪，妈妈也有点儿为难。你看这样行不行，你可以先去剪一个符合学校要求的、最接近你偶像的发型，但是在周末或者假期的时候，我们可以选择一次性染发剂，把你的头发染成跟偶像的颜色一样，等上学的时候再洗掉，你看可以吗?"其实很多时候，我们会发现，孩子对抗的并不是家长具体的规则，而是家长对待孩子的态度。如果家长不是一直强硬地要求孩子按照其想法做，而是只要孩子没有越过家长的底线，家长就适当让步，并为孩子提供限制性的选择。这样一来，孩子的心气儿顺了，跟家长发生冲突的概率自然就会变少。当然，这个让步，不是毫无底线地让步，也不是什么事情都让步。

第四章　做孩子的情绪导师

您是否遇到过孩子情绪失控的时候：孩子看中某个玩具，家长如果不给他买，便坐在地上号啕大哭；抱着平板电脑看动画片，如果不让他继续看，就开始撒泼打滚；搭积木时遇到困难，就直接把所有零件摔在地上；在学校被老师批评上课不认真，回家就大吵大闹说不上学了……当孩子情绪失控时，家长真的束手无策吗？作为家长，如何帮助孩子有效地表达和管理情绪？

当孩子情绪失控时，家长可以采取以下步骤帮助孩子。

第一，用心观察、感知并识别孩子的情绪。通过细致观察孩子的言辞表达、非言语信息、肢体动作以及行为习惯，敏锐地捕捉到孩子情绪的微妙变化，这有助于家长更好地觉察到孩子的情绪，理解孩子的内心世界。

第二，正常化孩子的情绪，珍惜孩子的每一个情绪瞬间，并将其视为增进亲子关系以及教导孩子情绪管理的宝贵机会。当孩子情绪起伏时，家长首先要做的是正常化这些情绪，避免过度反应，以平和的心态去安抚孩子。不给予正面回应或暴力镇压式的回应往往会让孩子感到更加不安，情绪更加失控。然而，成熟的家长应该认识到，每个人都会有负面情绪，而每种情绪包括负面情绪的背后都有其正面的价值和意义。

第三，耐心倾听孩子的情绪表达。当孩子抱怨的时候，全神贯注地听孩子说了什么，认真观察孩子的表情、动作，用心体会孩子的心情和感受，并通过简短的语言反馈，如“嗯哼”，或简单地追问一句：“宝贝，后来又发生了什么啊?”鼓励孩子主动表达内心的想法和感受。这样的倾听既能让孩子感受到家长的接纳和理解，又有动力更多地表达自己的心声。

第四，协助孩子以理性、准确的语言抒发情绪。当孩子情绪得到倾听和理解后，家长可以进一步引导他们表达内心的不满，耐心询问他们的真实感受，并教授他们如何以恰当的方法将自己的情绪说出来。共情式的表达是很好的方法，既能让孩子感受到强烈的情感共鸣，还能通过这样的示范和引导，让孩子学会更准确、恰当、直接地用语言理性表达自己的情绪。

第五，划定行为界限，帮助孩子解决情绪背后的行为问题。家长要让孩子知道情绪没有好坏对错，但情绪表达的方式却有恰当与否之分。因此，家长要让孩子感受到对其情绪的完全接纳的同时，帮孩子纠正不当的情绪表达方式，并一起想办法解决情绪背后的深层问题，实现治标又治本。

第一节 感知和觉察孩子的情绪

孩子和大人一样，失控的情绪可能只是表面，其背后有更复杂和深层的原因，只是他们很多时候还不能将自己的情绪和情绪背后的原因清晰、准确地表达出来。一个 3 岁的小孩子可能只会每天早上哭闹并抗拒去幼儿园，却不会对妈妈说：“妈妈，我就是害怕在幼儿园睡午觉，我还担心来不及去厕所就尿裤子了，老师会生气。”一个 8 岁的孩子可能会经常喊肚子痛，却不会对妈妈说：“当你和爸爸因为钱的问题吵架时，我真的很紧张、很害怕。”因此，家长需要耐心观察、认真倾听，才能透过孩子的各种言语和非言语信息，去猜测和破译他们内心真实的情绪情感。具体通过案例来看一下。

案例

明明即将踏入小学的门槛，妈妈为了让他提前适应，开始教他写自己的名字。起初，明明对这项新活动充满了好奇与热情，兴致勃勃地写满了一整页。然而，当妈妈发现他的字写得歪歪扭扭，提出让他再多练几遍时，明明放下笔，推开本儿，坐在椅子上哇哇哭起来。

妈妈满脑子想的都是怎么让明明把名字写得更工整、更标准一点儿，完全没有关注到孩子此时的情绪变化。她开始给明明讲关于坚持不懈、精益求精的故事，希望通过这些故事教会孩子不要轻言放弃。然而，她的努力并未收到预期的效果，反而让明明哭得更加伤心。他一边哭，一边冲妈妈发泄心中的不满："你是个坏妈妈，天天就知道让我练字，我讨厌练字，也讨厌你！"妈妈本想继续说教，但及时收住了，她终于意识到自己可能太急于求成，没有顾及儿子的感受。于是她停下来将明明搂在怀里，温柔地安抚着他。渐渐地，明明的情绪恢复了平静，重新开始练习写名字。然而，当妈妈再次纠正他的错误时，他的情绪再次失控。他将笔和练习本狠狠地扔在地上，再次号啕大哭。

此时，妈妈已经失去了耐心。她心里充满了疑惑和不满："这孩子怎么这么固执，听不进意见！""他怎么这么脆弱？""不能什么都依着他！"……在这些念头的驱使下，她下决心要给明明一个严厉的教训。她严肃地告诉明明："今天必须按照我的要求把名字写好，否则今天就休想吃饭，休想睡觉！"然而，出乎她意料的是，明明不仅拒绝继续练字，还开始用双手疯狂地捶打着自己的头。

案例中的明明在写自己名字的时候，出现了多次情绪变化。刚开始，其实明明还是挺开心的，因为这个"新游戏"还挺好玩，可是当妈妈否定他的“作品”，让他再练几遍时，明明变得受伤、委屈，甚至坐在椅子上大哭。然而，妈妈沉浸在自己想要达到的目标之中，并没有及时发现明明的情绪变化，自然也没有关注和安抚明明受伤和委屈的情绪，而是一门心思想着怎么通过寓言故事说服孩子继续坚持。情绪被忽视的明明，心情越来越糟糕，也根本听不进去妈妈的教导，而是通过控诉的语言、发脾气的行动来宣泄自己的情绪，吸引妈妈的注意。这个时候，妈妈终于注意到了明明的情绪，并对其情绪进行安抚。当受伤的情绪得到关注和安抚后，明明才慢慢平静下来，继续照着妈妈的要求写名字。但是，明明又写错了，妈妈又急于纠正，明明再一次变得挫败、沮丧，于是将笔和本儿扔掉，又大哭了起来。面对明明第二次情绪爆发，妈妈也变得不耐烦，态度也更强硬，直接变成了对孩子的强迫和命令。这一次，明明甚至通过更加极端的自我伤害来释放自己压抑的情绪，并向妈妈表达自己的反抗和不满。

可以发现，在这个过程中，明明在通过口头语言、行动等多种方式表达情绪，比如，把笔和本儿扔到地上，冲妈妈大吼以控诉妈妈，用手击打自己的头等。当妈妈关注到明明的情绪并进行安抚之后，明明才会冷静下来，听进去妈妈的教导。然而，当妈妈忽视明明的情绪，太执着于想要让儿子把事情“做对、做好”时，明明不仅不会“听妈妈的话”，而且会陷入情绪失控的状态。如果在明明第一次哭的时候，妈妈就能及时觉察到孩子的情绪，并将自己对孩子情绪的理解说出来：“你刚开始学写自己的名字，能一直坐在这里认真写，就已经很棒了，可妈妈却批评你写得不够好，一直让你重写，这可能会让你觉得很挫败、委屈。对不起儿子，妈妈没有理解你的心情。”然后再通过拥抱等非言语的方式安抚孩子的情绪，等孩子情绪平复后，妈妈才有机会慢慢引导孩子把名字写得更标准，否则孩子就会反复在挫败、愤怒、难过的情绪里煎熬，根本没有心情去认真练字。可见，家长对孩子情绪的觉察和关注是对孩子进行有效引导的重要前提，也是对孩子进行情绪教导的第一步。

那么，家长需要怎么做才能提升对孩子情绪情感的觉察和感知能力呢？

1. 了解情绪的各种信号

家长要了解孩子的情绪状态，包括面部表情、身体姿势、语言表达、语气语调、行为动作等，通过孩子的语言和非语言信息觉察孩子的情绪。例如，生气的时候可能说话声调高、语速快，语气咄咄逼人，眼露凶光，身体姿势也比较僵硬，还有可能会摔东西或者打人；而伤心的时候，则不愿意说话，或者声调很低，声音很小，眼神低迷，还可能会止不住流泪。

具体而言，家长可以通过孩子释放出的各种细微信号，精准地洞察孩子此时的情绪状态。(1)认真倾听孩子的说话内容。认真听孩子说了什么，如“我今天不想吃饭”“妈妈你今天能不能陪陪我”等，并关注孩子说话时的语气、语调和神态，从而推测这些语言表达背后传递的情绪。(2)仔细观察孩子的行为表现。当孩子的行为与往常不同，例如，回家直接去房间睡觉，突然的哭泣等，家长就要及时去了解这些行为传递了孩子怎样的情绪以及情绪背后的原因。尤其是婴幼儿时期的情绪波动，往往会通过大哭、皱眉等行为反应来表现，家长需要对这些信号敏感。(3)主动询问孩子的情绪状态。家长除了被动地观察自己的孩子，也可以在孩子遇到重大事情之后，主动询问孩子的情绪情感状态。例如，当孩子考试没考好的时候，可以尝试问问孩子：“宝贝，你看上去有点儿失落，是发生什么事情了吗？愿不愿意跟妈妈聊一聊？”

2. 学会区分表层情绪和深层情绪

表层情绪是孩子直接表现或表达出来的情绪，例如，身为姐姐的豆豆咬牙切齿地说自己在生妈妈的气，生弟弟的气，讨厌妈妈和弟弟；而深层情绪则是孩子掩藏在内心深处，不愿意说出来或者根本没有意识到的，更深、更原始的情绪。再如，表面上说自己生气的孩子，其内心深处的情绪可能是孤单、失落和难过，因为自从弟弟出生之后，妈妈再也不陪自己睡觉了，却每天都陪着弟弟，但是豆豆从来不跟父母表达这些孤单、失落、难过的感受，而是每次都对妈妈和弟弟发脾气。而在前面明明的案例中，他的表层情绪是愤怒，但深层情绪却是挫败和委屈。

3. 懂得情绪背后的深层原因

家长可以通过情绪的冰山来帮助自己系统、深入地了解情绪和情绪背后的原因。情绪冰山图(见图 4-1)将人的情绪分成了不同层次的成分。(1)表层的情绪、行为：即展现给别人的情绪和行为方式是什么样的。(2)内在的应对方式：即遇到问题或压力时习惯用什么方式进行应对。比如，有的人倾向于将责任推到别人身上，称之为指责型；有的人倾向于从自己身上找原因，总是怪罪自己，称之为讨好型；有的人习惯讲大道理，称之为超理智型；还有的人不想面对压力和矛盾，倾向于逃避问题、打岔或顾左右而言他，称之为打岔型；也有一些人可以很一致地将自己的内在深层想法和感受清晰地表达出来，称之为一致型。(3)内在深层的感受以及感受的感受：感受是掩藏在内心深处，不一定会表现出来的真实情感，而感受的感受是指对内心真实感受的应对，是否让它直接表达出来。(4)观点：即对待事物的态度和信念、主观看法和认知。(5)期待：即对自己或他人的行为、情绪情感的期望或希望。(6)渴望：指人类共有的愿望和需求，如被爱、被接纳、自由等；渴望和期待的区别在于，渴望更抽象、笼统，而期待更具体化。(7)自我：即自己怎么看待自己。

图 4-1　个人内在冰山图

以前面对妈妈和弟弟心生怨气的豆豆为例，深入剖析她内心的“冰山图”。(1)表层情绪：愤怒。她通过言语和行为直接表达了对妈妈和弟弟的不满。这种愤怒情绪像是一层坚硬的外壳，保护着她内心深处的脆弱。(2)内在应对方式：指责型。因为她觉得自己不开心是妈妈和弟弟造成的，对妈妈和弟弟有指责和埋怨。这种应对方式实际上是一种自我防御机制，用来避免面对自己内心脆弱的真实感受。(3)内在深层的感受：与表面的愤怒不同，她内心深处其实感到很孤独、失落、受伤。这些感受可能缘于她对家庭关系的误解和失望。感受的感受则是不想让别人发现、见到自己内心的脆弱。(4)认知观点：她认为妈妈偏心弟弟，眼里只有弟弟。这种认知让她感到自己被忽视和冷落。她担心妈妈因为有了弟弟而不再爱她，这种担忧进一步加深了她的受伤感。同时，她觉得没有人真正理解和关心自己，这加剧了她的孤独感。(5)期待：尽管内心充满了不满和失望，但她仍然对妈妈抱有期待。她希望妈妈在弟弟和自己都需要她的时候能偏向自己，她期待妈妈能每天陪她睡觉，像生弟弟之前那样每天陪自己做很多事情。(6)深层渴望：在那些具体的期待背后，隐藏着她更深层次的渴望——被爱、被关怀和被重视，不管这种爱与关怀是来自妈妈还是朋友。(7)自我价值感：当她的期待和渴望没有得到很好地满足时，她就会开始质疑自己的价值。她可能会觉得自己不够好，不值得被爱，从而导致自我价值感降低。这种自我价值感的缺失会进一步加剧她的孤独和愤怒情绪，形成一个恶性循环。

4. 提高对自身情绪情感的觉察和感知能力

为了更敏感、准确地觉察和识别孩子的情绪，并了解其情绪背后的原因，家长首先需要提升对自身情绪情感的觉察和感知能力。

(1)每天固定一个时间进行自我的情绪觉察。具体可以参照前面关于觉察孩子情绪的三个方面：情绪的信号、表层情绪与深层情绪、情绪的深层原因。家长可以闭上眼睛，做几个深呼吸，让自己平静下来，尝试回忆这一天发生了什么事情，每一件事情带来了什么情绪，尝试看见这些情绪，无论它是积极或消极的，都要去认知、感受它，并和这些情绪单独相处。再进一步思考和探索：这些情绪背后存在什么样的需求、期待或者渴望，可以采取怎样的行动来帮助自己缓解这种情绪。

(2)尝试记录自己的情绪日志。情绪日志可以使用纸质笔记本或电子设备进行记录，每天或每周定期记录自己的情绪。可以写下日期、时间、地点，然后描述自己感受到的情绪，以及触发这些情绪的事件或人物。尽量具体地描述自己的感受，避免使用模糊的字眼。情绪日志的记录既能提升个体的情绪觉察与感知能力，同时记录情绪日志的过程也是对自身情绪的一种梳理，可谓一箭双雕。

具体的记录可以参考表 4-1。以一周为单位，最左边列出情绪清单，即在自己身上最常出现的情绪和感受，这个情绪清单可以随着记录的进展，不断往里面增加新的情绪标签。记录情绪日志最好能坚持每天进行，每天睡前花五分钟的时间，回顾这一天自己身上出现的最明显或典型的三种情绪，接着就在相应的情绪标签格子里画勾，然后简单写下这一情绪的主要原因。比如，家长周一感受到的主要情绪是兴奋、紧张和疲惫，兴奋是因为“要开始这学期的第一次家庭治疗课，很期待与学生就这一主题的深度交流”，紧张是因为“最近过敏性鼻炎犯了，晚上睡不好，担心身体状态影响上课的效果”，疲惫是因为“上了一天的课，一直很专注投入，当这一天课结束之后，感到有些疲惫”。

表 4-1　情绪日志

情绪	周一	周二	周三	周四	周五	周六	周日
幸福							
喜爱							
兴趣							
兴奋							
骄傲							
欲望							
爱							
被爱							
感激							
紧张							
伤害							
悲伤							
反感							
愤怒							
怜悯							
厌恶							
自责							

续表

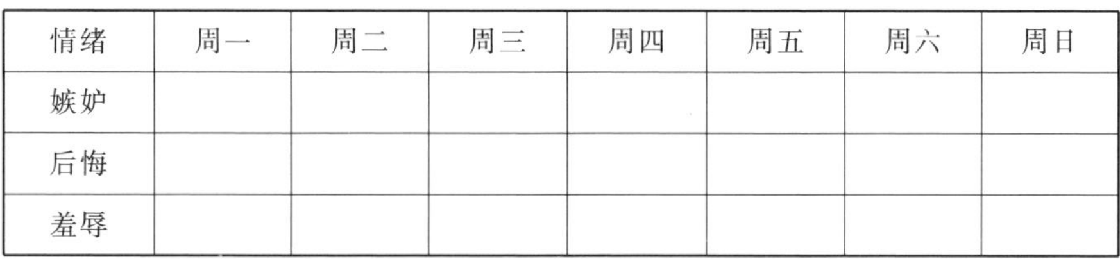

情绪	周一	周二	周三	周四	周五	周六	周日
嫉妒							
后悔							
羞辱							

如果家长坚持记情绪日志一周以上，就会慢慢发现自己对情绪的敏感度提高了，如果家长坚持三周以上，就会发现一个质的飞跃。这个方法既可以用于自己的情绪觉察和探索，也可以用于对孩子的情绪觉察。

(3)通过艺术活动来提升情绪觉察和感知能力。研究发现，艺术活动有助于提高情绪的敏感度。因此，家长可以通过音乐剧或影视剧的观赏、乐器演奏等艺术活动，提升自己的情绪觉察和感知能力。例如，家长们可以选择一些富有情感表现力的音乐剧进行观赏，如《猫》《悲惨世界》等。在观看过程中，留意剧中人物的情感变化，注意音乐、舞蹈和台词是如何共同营造情绪氛围的。通过这样的体验，家长可以学会从细微之处捕捉情绪信号，提高自己对情绪的觉察能力，同时将这些能力运用到日常生活中，更好地理解和支持孩子的情感需求。

5. 帮助孩子提升对自身情绪的觉察和感知能力

作为家长不仅要提升对自己和孩子的情绪觉察能力，还要帮助孩子提升他们对自身情绪的觉察和感知能力。

(1)依据孩子的年龄段引导孩子进行自我觉察。孩子的情绪情感意识会随着年龄增长不断变得更加丰富和复杂。在1岁前，孩子可以逐渐体会到基本情绪，包括高兴、好奇、吃惊、恐惧、愤怒、悲伤和厌恶等。这些情绪都可以通过面部表情观察到，比较容易识别。1岁半左右，孩子会萌发与自我意识有关的情感，这些情感会增强或者削弱“我是一个什么样的人”的感受，如羞愧、尴尬、内疚、自豪等。2岁之后，孩子的情绪表达能力会有明显的进步，逐渐能说出情绪的起因、结果和自己对应的行为。比如，2 岁的球球会跟妈妈说："我不开心，因为我想买那辆小车，爸爸不让我买。"4～5 岁的孩子可以学会将别人的情绪与对应的行为建立联系，比如他们知道生气的孩子可能会打人，高兴的孩子更容易分享。家长需要认识到，孩子的情绪理解和表达能力是逐步发展的，要依据孩子的年龄段引导孩子进行自我觉察，但需要循序渐进，不能操之过急。

(2)帮助孩子学会用恰当的方式表达情绪和感受。对于言语发展比较完善的大孩子，家长不仅要引导孩子觉察和了解自己的情绪，还要学会用恰当的方式表达情绪和感受。很多家长可能早早就做好了准备，在孩子小的时候就借助各种情绪绘本帮助孩子认识情绪。家长在与孩子的互动中，也会刻意增加如何读懂和识别他人情绪的游戏，比如，一边让孩子模仿妈妈的表情，一边教孩子一些表达情绪的词汇，如"哈哈"(代表快乐)、"呜呜"(代表伤心)、"哼"(代表生气)等。当孩子无法准确地觉察并表达他内心丰富复杂的情绪时，家长需要帮助孩子为情绪命名："你生气了""你感到愤怒""你感到委屈""你看上去很高兴""你在表达爱""你在表达快乐"。这就好像告诉孩子："这是眼睛!""这是鼻子!""这是书!"通过引导帮助他们认识自己的内在世界，了解合适的语言表达方式。然而，当遇到事情时，孩子可能还是会首先选择原始的方式(哭、闹、打、扔、咬)进行发泄，从而让很多家长感到挫败、气馁。其实，孩子有这样的表现是正常的。从小宝宝的"动物属性"过渡到成人的"社会属性"需要一个漫长的过程，需要时间的积累和不断的练习。因此，家长要抱着"佛系"的心态对待孩子的情绪化，家长能做的是慢慢引导，而不能强迫孩子马上就能够准确地觉察情绪，并自如恰当地表达情绪(关于这一部分的内容在本章第四节有详细的介绍)。

最后，家长除了用语言帮助孩子表达情绪，还可以借助一些外部工具。因为情绪比较抽象，所以对于年龄较小的孩子，家长可以借助不同的颜色或形象的名字来帮助孩子认识情绪。就像动画电影《头脑特工队》那样：乐乐代表快乐、开心的情绪，是黄色的；忧忧代表忧郁、低落的情绪，是蓝色的；怒怒代表生气、愤怒的情绪，是红色的；厌厌代表讨厌、厌恶的情绪，是绿色的；怕怕代表害怕、恐惧的情绪，是紫色的。家长还可以借助于《头脑特工队》这样的影视剧以及里面的角色来帮助孩子对情绪有更形象、具体的理解，从而帮助孩子更准确地觉察、了解自己的各种情绪状态。

第二节　正视和接纳孩子的情绪

当家长很敏锐地觉察到孩子的情绪，尤其是负面情绪时，不要着急去纠正孩子，而是要先接纳孩子的情绪和情绪表达方式。不过要做到这一点，却不是很容易。

中华民族是一个含蓄的民族，所以很多人都对情绪的表达比较内敛，甚至用压抑、隐忍的方式来对待很多消极情绪。有很多成语都能体现这一特征，如“得意忘形”“乐极生悲”“喜怒不形于色”等。对于很多家长来说，接纳积极情绪更容易，如开心、愉悦、平静，但是对于消极情绪则比较抵触，如愤怒、焦虑、悲伤。有时，家长不敢正视孩子的负面情感，实际上是因为他们对情绪有误解，对哭闹、发脾气、失控的孩子产生了片面的认识。事实上，孩子在表现出这些行为时，虽然外表看似强硬、排斥，但实际上他们内心脆弱无比，就像一只表面长满刺、内心却柔软的刺猬，他们特别需要家长的拥抱和温暖。因此，在孩子情绪化的时候，正是家长接近他们、关注他们内心脆弱情感的绝佳时机。家长应该借此机会让孩子感受到被接纳、被安慰、被关爱，从而拉近与孩子的心理距离，建立更和谐、亲密的亲子关系。这无疑是一个极其珍贵的契机，让家长能够深入接触那些外表带刺、内心却脆弱无比的孩子，从而进一步加深亲子之间的情感，让孩子对家长产生更深的信任和亲近感。借此机会，家长便能拥有更多对孩子进行正面引导和教育的可能性，从而助力孩子健康、快乐地成长。因此，家长应将孩子情绪化的瞬间视为增进亲子亲密感的绝佳时机，而非将其视为洪水猛兽般避之不及。

当然，家长除了需要接纳和理解孩子的情绪本身，还需要接纳和理解孩子的情绪表达方式。对于语言表达能力有限，尤其是不太擅长“说出情绪”的孩子来说，家长要接受他们幼稚的甚至具有破坏性的情绪表达方式，如哭、闹、打、扔、咬。要减少这种不当的情绪表达方式，家长首先要做的是理解和接受孩子的这种表达方式不是故意为之，而是因为缺乏情绪表达的经验和能力。因此家长要透过孩子的行为，看到其行为背后的深层情绪和需求，并在孩子情绪彻底爆发或失控之前，准确回应孩子的需求，安抚情绪并帮助他们平静下来。

那么现实中，当家长觉察到孩子的情绪之后，一般会有什么反应呢？研究者约翰·戈特曼(John Gottman)总结出了四类不同的家长反应。

1. 忽视型

这类家长会漠视、忽略或轻视孩子的消极情绪，他们看到孩子哭闹时可能会说“你哭完了再来找我”，或者通过转移注意力的方式试图“安抚”孩子。比如，优优的爸爸看到优优闷闷不乐，就会抱着她四处溜达，然后不停地问她：“要不要看电视啊？”“要不要吃点小零食啊？”“去游乐场玩好吗？”或者通过幽默感试图帮孩子“赶走”坏情绪，比如，看到童童难过时，童童妈妈就捏了一下童童的脸蛋儿，然后说：“哎呀，我家宝贝的笑脸被谁偷走了啊？”或者通过讲道理帮孩子“远离”坏情绪，比如，欢欢养的宠物仓鼠死了，妈妈就跟她说：“坚强一点儿！生活中这种事情是在所难免的。

而且你的仓鼠已经很老了，这也算是寿终正寝!”可以看到，无论是通过哪种具体的方法，忽视型的家长都不会直接关注孩子的消极情绪，而是期望通过冷处理的方式让孩子的消极情绪自然消失。

2. 压抑型

这类家长对孩子的消极情绪持批评态度，经常会通过镇压、呵斥或打骂的方式让孩子立即停止消极情绪，他们会关注孩子由情绪引发的行为，却不会理解其感受及原因。比如，小云因为生气而踢门，妈妈会因为女儿这一令人不快、挑衅的踢门行为而体罚她，却不去想她为什么这么生气。他们可能会认为表达情绪，尤其是负面情绪是懦弱的表现，认为这是不好的，孩子应该坚强；或者他们将孩子的情绪化当作操控家长的手段，因此会排斥、打压，跟孩子说“你哭也没用”“你再发脾气，我就揍你了”之类的话。

忽视型和压抑型这两类家长有一个共同点，就是都会排斥孩子的情绪表达，尤其是消极情绪的表达，只是他们具体的应对方式有所不同。不管是家长采取忽视型还是压抑型的方式对待孩子的情绪，孩子的情绪并不会因为家长的假装看不见、冷处理或威胁、惩罚而瞬间消失。这种养育方式往往会导致孩子在有情绪或感受时，本能地产生否定或抗拒，认为自己的感受是错误的、不恰当的、不被认可的。他们可能会觉得自己存在某种问题，从而对自己的情绪产生负面的评价和认知。自然而然，这些不接纳自身情绪、感受的孩子，也很难在遇到情绪困扰的时候进行有效的调节。当这些真实的情绪不被家长和自己所接纳和认可时，不仅不会自动消失，反而有可能形成恶性循环，愈演愈烈，直到不可控制的情绪爆发。因此，家长应该正视孩子的情绪，给予他们足够的理解和支持。

3. 放任型

这类家长会认为，孩子的一切情绪都是合情合理的，不管孩子表现出任何情绪，快乐的、满足的，还是愤怒的、焦虑的，都能够无条件的“理解”和“包容”，和孩子一起感同身受。但是，这种放任型的态度仅仅停留在无限制的包容上，却未能对孩子的情绪进行任何有效的引导，也未能为孩子的行为设定明确的界限。他们深信，让孩子尽情宣泄情绪是压力的释放，这就是最好的情绪调节。比如，有一位妈妈说：“我想让我的孩子知道，只要他们愿意，他们可以尖叫、大吼，我不想让我的孩子压抑自己的情绪。”那么家长如果用放任型的方式对待孩子的情绪，会带来什么结果呢？这些孩子在生气、悲伤或失望的时候，只会无限制的发泄情绪，但是却不知道如何让自己恢复平静。由于缺乏成人具体的指导和引导，孩子往往不懂得如何有效调整自己的情绪。面对情绪困扰时，这些孩子往往也会感到挫败和无奈。

4. 情绪教导型

这是最理想的类型。这类家长对孩子的情绪敏感，能够及时觉察到孩子的情绪状态，并且对于孩子的积极、消极情绪，都会接纳和关注，认真倾听孩子的心声，共情孩子的情绪和感受，帮助和引导孩子学会用准确、恰当的语言表达情绪，并在需要的时候提供有效的指导，划定行为界限，帮助孩子学会自我情绪调节并解决情绪背后的行为问题。研究发现，如果家长用情绪教导型的方式对待孩子的情绪，孩子在身体健康、学业成绩、同伴关系方面都有很好的结果，并且他们更少出现行为问题，即使遇到一些痛苦的经历，也能够更快地恢复到良好的状态。

情绪没有好坏对错之分，所有的情绪都有其存在的价值和意义。甚至那些常常想要避免的消极情绪，如焦虑、愤怒和悲伤，也蕴含着积极的功能和深远的意义。焦虑，它像是一盏警示灯，照亮个体前进道路上可能遇到的困难和挑战，促使其提前做好准备，以更加谨慎和专注的态度面对生活中可能出现的危机。愤怒，它可以是个体内心力量的源泉，推动其去捍卫自己的权益，去反对不公正的事情，成为积极改变世界的动力。而悲伤，它让个体学会珍惜，学会同情和理解，它是个体内心深处对于失去的一种自然的、健康的反应。因此，不应该轻易对情绪进行好坏对错的划分，而是要学会接纳和理解每一种情绪，从中汲取力量和智慧。

想象一下，孩子们站在一条狭窄的平衡木上，快乐情绪使他们保持平衡，乐于接受家长的建议和帮助，不断尝试并勇往直前。然而，当努力频频受挫，或周围的人显得冷漠消极时，孩子们可能会失去平衡，从安全的感觉中跌落。此时，哭泣成为他们愈合感情创伤的必经之路，是表达内心痛苦和寻求支持的工具。作为家长，需要倾听孩子的哭泣，理解他们的需求和感受。在孩子最困难的时刻，家长的支持和关心将成为他们重新站起来的力量。当孩子通过哭泣释放了内心的烦恼后，他们将重新焕发精神，勇敢地面对生活中的挑战。因此，家长要以关爱和耐心陪伴孩子度过这些艰难时刻，让他们从哭泣中汲取力量，从困境中成长。

案例

彤彤和妈妈逛街时看到了蛋仔冰激凌，里面五颜六色的饼干、糖果和水果吸引了彤彤的注意，她想让妈妈给她买一个，但妈妈以半个小时前彤彤刚吃了一个冰激凌为由拒绝了彤彤。被妈妈拒绝之后，彤彤心里不痛快，就一直在妈妈旁边哼哼唧唧，还不停地用手扯妈妈衣服，妈妈没有理会她的无理取闹，继续带着她往前走，可是走了一段路，彤彤突然坐在地上又哭又闹，不依不饶，一定要吃蛋仔冰激凌，引来很多人的围观。

在彤彤想吃冰激凌被拒之后就哼哼唧唧、扯妈妈衣服时，她可能有失落、不满甚至愤怒的情绪，彤彤妈妈选择忽视孩子的情绪，导致她从“哼哼唧唧”变成了“又哭又闹”，以此表达自己的愤怒和抗议。彤彤妈妈采用

“忽视”的方式应对彤彤的无理取闹，并没有起到预想的效果，反而让彤彤的情绪愈演愈烈，直到场面失控。

面对这种情况，压抑型或放任型的家长会怎么做呢？压抑型的家长面对孩子的大哭大闹，可能会通过呵斥孩子的方式，让孩子立刻停止大哭大闹，否则就会采取暴力的方式镇压，吓得孩子不得不收敛。放任型的家长面对这种场景，会表现出对孩子大哭大闹的包容和理解，可能会坐下来陪着孩子，任由孩子进行宣泄，直到孩子哭累了，没力气再闹，但自始至终不会对孩子进行任何有效的引导。

情绪教导型的家长又会怎么做呢？这类家长能够及时觉察到孩子的情绪变化，并且不论孩子表现出什么样的情绪，都会正视和接纳孩子的情绪。他们会用心去体会孩子情绪背后的需求，并给予恰当的回应。当觉察到孩子想吃冰激凌被拒绝之后的情绪变化，家长停下脚步，蹲下来，看着孩子的脸，给予及时回应：“妈妈不同意彤彤吃第二个冰激凌，彤彤有些不开心，心里不痛快，是吗？彤彤不能理解妈妈为什么不同意，虽然半小时前吃过冰激凌了，但是已经过了那么久了哈！而且这个冰激凌跟之前吃的不一样，这个冰激凌这么漂亮，真的好想尝一尝。彤彤这么想吃，可妈妈还是拒绝了，就觉得妈妈不爱你了，对吗？于是你就感到难过，还对妈妈感到生气。”事实上，孩子并不是一定要吃那个冰激凌，而是孩子的心情被妈妈理解和接纳，才是最重要的。

当孩子无理取闹的时候，做家长的常常感到无能为力，感到沮丧。事实上，孩子有不满、愤怒、生气、伤心的事情发生，这些情绪背后所需要的也许仅仅是家长的一个拥抱，以及能够站在他的角度理解他、支持他、鼓励他。如果家长能耐心倾听，不急于教训或批评他们，探寻他们发脾气或哭闹背后的原因，理解他们的情绪和感受，这不仅能增进亲子关系，还能在亲子关系更融洽的基础上，引导孩子更恰当地表达情绪。家长只有从根本上正确认识、理解、接纳孩子的消极情绪，才能帮助孩子表达、处理情绪。在此基础之上，孩子才会平复情绪，相信家长是爱自己的，才有可能听得进去家长讲的道理，并调整自己的行为，也能因为自己找到解决办法而获得成就感和责任感，下次再遇到冰激凌，孩子首先想到的不是“爸妈不给我吃，我要闹”，而是“常吃冰激凌我可能会不舒服”，从而心甘情愿地进行自我约束。

第三节 倾听和认可孩子的情绪

为了让孩子感受到家长对其情绪的接纳和重视，用心倾听孩子的内心感受是一种非常重要且有效的方法。当家长带着平等、尊重、好奇的态度去倾听孩子的感受时，更容易帮助孩子平复情绪，因为倾听的过程，也是在帮孩子理清自己的思绪。倾听包括两个元素，一个是怎么听，另一个是听什么。在这里引用第二章爱的五种语言里面李女士的案例。

案例

李女士养了三个孩子，老大很优秀，老三很可爱，都让她很省心，可唯独老二总让她头疼，不知道为什么这个老二脾气这么倔，动不动就发脾气。可是当她心平气和的时候，又觉得老二最贴心，每次下班回家，老二都会凑上去给她按摩；每次一起逛街，一定也是老二第一个提出来帮她拎东西。看起来二妞的问题还真不是性格倔强那么简单。李女士感到非常的困惑，于是向心理老师倾诉。

心理老师问这位妈妈，如果二妞不发脾气、不哭不闹的时候，你会关注到她吗？李女士思索片刻之后回答说，好像还真是不会。因为她工作很忙，跟孩子在一起的时间很有限，而大部分时间三个孩子都在，她的目标自然会被老大的优秀和老三的可爱所吸引，就很少关注到老二。总是被忽视的二妞，也有被妈妈看到、被妈妈关注的需要，当她的需要总是得不到满足时，就只能通过发脾气、哭闹来获得妈妈的关注了。李女士听了以后恍然大悟，问心理老师该怎么办。心理老师跟她说，方法很简单，那就是缺什么补什么，解铃还须系铃人。然后心理老师就给李女士分享了一个方法，让她每个周末的两天，每天拿1个小时出来，单独陪二妞。李女士很惊讶，一直问心理老师："就这么简单吗?"心理老师笑着说："就这么简单。不过你需要坚持，并保证每天这1个小时是专属于二妞的，至于这1个小时怎么度过，你可以跟她一起做她喜欢的事情，聊她感兴趣的话题，比如一起去超市、看书、画画都可以。"李女士决定试试。过了一个月，李女士跟心理老师打电话，特别开心地说，这个方法太有效了，她坚持了4周，每天1个小时，发现这一个月下来，二妞的脾气顺多了。

首先是怎么听。先用耳朵听。记得我女儿还在上幼儿园的时候，喜欢睡前编故事给我听。经常讲着讲着她自己就睡着了。我也把这当成了一个哄睡仪式，刚开始我听得很认真，经常还跟她一起编，但后来听得就不像刚开始那么专心了，有时候会走神。有一天，我女儿正编得投入的时候，突然停下来，让我复述她刚才编的那段故事。我一下傻眼了，赶忙各种找补，虽然侥幸蒙混过关，但从此以后的睡前编故事环节，我再也不敢敷衍了。当然，用耳朵听，只是倾听的一个基础条件。要真正做一个好听众，只带耳朵是远远不够的。那怎样的倾听更能走进孩子心里，俘获孩子的心呢？一起来看看"聽"这个繁体字，如果我们将这个字进行拆解，你会发现，一个好的听众，是需要带着多个感官去听孩子的心声。"以耳为王，十目一心"，也就是说不仅要用耳朵去认真听孩子说话的内容，说话的语气、语调，还要通过眼睛对他的肢体语言、动作、行为进行细致观察，用心去体会孩子的心情和感受，从而对孩子所经历的事情，事情引发的情绪（包括他/她的表层情绪和深层情绪），以及孩子如何看待所发生的事情，有一个全面的感知和理解。需要注意的是，在倾听孩子讲话时，不要轻易打断他们，更不要盲目评价或者提建议，但可以通过一些简单的口头语言反馈如“嗯哼”或“原来是这么回事啊”等来表示自己在认真听，一直跟着孩子的思路走。可以在孩子停顿或者感觉她讲完一个片段的时候，对孩子讲的话进行一个简短的小结或情感反馈，以表示自己听懂了孩子讲的事情和背后的心情或感受，从而让孩子感受到家长的接纳、包容和善解人意。

简而言之，有效的倾听，需要做到“四到”：眼到，耳到，心到，口到；用眼睛去观察，用耳朵去听，用心去体会，用嘴进行简短的语言反馈。当家长通过“四到”的方式去倾听孩子时，孩子更容易相信家长能够理解他们，才更有可能在家长讲话时，有兴趣和意愿去听，这样家长才有机会引导和影响孩子。

其次是听什么。家长既需要倾听孩子表达出来的情绪，还要倾听孩子没有说出来的内在深层情绪和感受。有的时候孩子表现出的情绪和行为可能并不是他们的真实想法，之前已经用冰川模型对表层情绪和深层情绪进行了分析，所以要求家长要仔细地观察并且结合对孩子过去的认知来探究他的深层情绪和感受。以前面李女士的孩子为例，二妞的表层情绪主要是生气、愤怒，但其实她内心更深层的情绪却是因为总是感受不到妈妈的关注和爱，从而感到孤独、难过和失落。而且她表面上越生气、脾气越大的时候，可能代表着她内心越孤独、越难过、越失落。当妈妈能够看到她表面的生气和发脾气背后的孤独和难过之后，对二妞的情感也悄然发生了变化，少了几分生气和不耐烦，多了几分心疼和内疚，于是跟二妞之间的沟通和关系也就会朝着不同的方向发展了。

案例

新年刚过完，孩子们似乎都因为假期综合征不愿意入园。已经到幼儿园门口了，宇菲死活不愿意进幼儿园，也不让妈妈走，宇菲脸上带着眼泪，扯着妈妈的衣服，妈妈只能把孩子抱进幼儿园。进门后，妈妈一直强调说："宝宝，妈妈上班要迟到了，所以最多只能陪你10分钟。"宇菲什么也听不进去，越哭越来劲，并且不停地拍打着妈妈。于是，妈妈开始跟宇菲聊放学后去游乐场玩的事情，试图转移孩子的注意力，但似乎一点儿作用也没有。

宇菲妈妈实在没招儿了，又着急上班，只得转向丽丽老师求助。丽丽老师蹲下来，目光跟宇菲平齐，看着宇菲的脸说："宇菲喜欢跟妈妈在一起，舍不得跟妈妈分开，对不对?"宇菲听到丽丽老师的安慰，一下子感觉被懂了，一边抽泣一边说："呜呜呜，我不想上幼儿园，我想跟妈妈去上班……"丽丽老师用手抚摸着宇菲的背，温柔地说道："嗯嗯，宇菲整个假期都跟妈妈在一起，特别开心，现在开学了，就好舍不得跟妈妈分开，心里好难过。"神奇的是，宇菲在丽丽老师的安抚下，居然慢慢地停止了哭声，眼睛好奇地看向教室里面其他小朋友在干什么。

随着宇菲情绪逐渐稳定，丽丽老师赶紧抱过宇菲，宇菲本能地抓住妈妈的衣服，还要妈妈抱，妈妈说："来，妈妈再抱一下。"丽丽老师阻止了妈妈的这种行为，说："放心交给我吧！"然后转向宇菲："宇菲，咱们跟妈妈说再见，然后去跟好久不见的小朋友们玩吧，大家都想你啦!"妈妈和孩子告别，有点儿不安地走出了教室。妈妈走后，宇菲又在丽丽老师身上趴着哭了一阵儿，老师一直坚定地抱着她，轻轻安抚她的后背，认真听宇菲讲她对上幼儿园的各种担心，对妈妈的不舍，并时不时通过"嗯哼"等语气词或者心疼的表情给予回应，大约10

分钟之后，宇菲完全平静下来，提出要去“娃娃家”看看。

案例中宇菲这样的“分离焦虑”现象在孩子刚入园或者长假之后开学时十分常见，很多小朋友都会表现出明显的情绪波动，会哭闹、黏着妈妈，不愿意进班。面对孩子的哭闹，很多家长都会感觉烦躁、焦虑，甚至无奈，但这个时候家长用什么样的方式去面对孩子的哭闹是很重要的。忽视或压抑孩子哭闹背后的情绪不是恰当的应对方式，因为不忍心孩子哭就直接把孩子带回家也不是恰当的应对方式。更合理的应对方式是接纳和正视孩子的哭闹行为，并通过真诚有效的倾听，去了解、读懂和回应孩子哭闹背后的情绪和需求。

丽丽老师的做法就给家长做了一个极佳的榜样。面对孩子的哭闹，她并未采取批评或视而不见的方式，也未盲目满足孩子回家的无理要求。而是在孩子哭泣时，坚定地留在孩子身边，保持温柔接纳的态度，努力通过倾听去理解和接纳孩子内心的感受和需求。她以孩子能理解的语言去帮助他们表达内心的情感，让孩子感受到被理解、被支持，从而不再感到孤单。随着这种被懂、被理解的感觉深入孩子的心底，他们的情绪也会逐渐平复，哭闹行为也会随之停止。当孩子情绪平静一些后，鼓励孩子说出她的想法和情绪，并给予肯定性的回应。当孩子表达困难时，家长还可以通过适当的言语反馈，协助孩子更完整、更清晰地表达。

当孩子情绪比较激动时，哭泣是一种常见的表达方式，尤其对于低龄的孩子而言，更是如此。在这种情况下，家长不要急于否定或制止孩子的哭泣，因为他们可能尚未学会用准确的语言表达自己的情绪，比如，“妈妈，我好难过”或者“妈妈，我舍不得你”。他们只能通过哭闹来向家长传达自己不舒服、难受的感觉。尽管这种表现在成年人看来可能难以理解和接受，但对于一个缺乏生活经验的孩子来说，却是非常正常的反应。因此，家长需要在接纳孩子情绪的基础上进行耐心的引导，帮助他们建立起"在家长的陪伴下能够妥善处理自己情绪"的信心。正如案例中的丽丽老师所做的那样，她耐心地抱着宇菲，陪伴着她，倾听她的心声，并鼓励她表达自己的感受。过了一会儿，宇菲就慢慢止住了哭泣，接受妈妈不在身边的现实，自己去探索外部世界。总而言之，当孩子情绪崩溃时，家长需要首先停下手中的事情，关注、接纳孩子的情绪，认真地倾听他，并帮助孩子更完整、准确地将自己的情绪表达出来。这样，孩子才能逐渐学会如何有效地处理自己的情绪，建立起健康、积极的情感表达方式。

第四节　帮孩子为情绪贴上准确的标签

在家长觉察、接纳、倾听孩子情绪的基础上，孩子基本已经可以坦然接受自己的各种情绪，包括消极情绪。那么接下来，家长需要做的就是帮助孩子用准确、恰当的语言来表达情绪，为自己的情绪贴上标签。当然要实现这一目标，有两件事情可以坚持做：第一，做孩子的正面榜样。不管是积极还是消极情绪，家长都要在觉察、接纳和正视自己的情绪的基础上，尽量多用直接、准确、恰当的语言来表达自己的各种情绪。孩子通过耳濡目染，自然更容易在遇到情绪困扰时，用直接、正确、恰当的语言将自己的情绪说出来。第二，给孩子的情绪贴上准确的标签。可以采用共情式的表达，当觉察到孩子的情绪状态时，帮助孩子把含混不清、令人害怕或不舒服的感觉变成有界限的、可以被定义的事物，并帮助孩子认识到这些感觉的存在是生活中正常的部分。

那么，如何通过共情式的表达来帮助孩子学会用具体、准确的语言给自己的情绪贴上标签呢？一起来看看下面两个案例。

案例一

小学五年级的小垚放学回到家后，就皱着眉头跟妈妈抱怨："妈妈，我越来越不想跟小贝做好朋友了。"妈妈放下手中的家务，认真听孩子诉苦，并轻声问道："哦？你们之间发生了什么事情？"女儿叹了口气，说："小贝现在被小西给带坏了，天天上课都不认真听老师讲课，悄悄在底下玩手账。哎！"她的话语中透露出一丝无奈和担忧。妈妈听后，点点头说："嗯，她们这样做的确不太好。做手账没问题，但不能上课的时候做，这样显得太不务正业了。"妈妈顿了顿，接着说："我猜，你因为这件事烦恼，除了对小贝的学习表示担忧之外，还因为她俩这样做有些生气！本来你特别想认真听课，可是你那么喜欢做手账，所以有的时候就难免因为她们上课分心。你也很苦恼，不知道怎么才能控制自己不受她们影响。"女儿听后，眼睛一亮，仿佛找到了知音："对呀，我有的时候就是容易受到别人的影响，我也很烦。不过最近我跟小水做同桌，小水特别爱学习，我就发现我跟她在一起学习效率也高多了！"讲到小水，她的语气中透露出一丝希望和满足。妈妈听后，笑着夸奖道："哇，宝贝你对自己的认识还挺深刻的啊！妈妈也替你感到高兴，有小水当你的同桌，我相信很快你也会成为学霸的！"妈妈的话语中充满了鼓励和信任。不过，妈妈话锋一转，继续说道："但是，妈妈觉得，有的时候也不能把希望全都寄托在别人身上。也许我们可以一起来想想办法，怎么抵制别人的不良诱惑，你说呢？"妈妈的话语中透露出一丝引导和教育的意味。女儿觉得妈妈说得有道理，陷入了沉思。她知道，妈妈的建议是为了让她更好地成长和进步。于是，她点点头，决定请妈妈帮忙，一起寻找抵制不良诱惑的方法，让自己更加专注于学习。

从案例一中可以看到，共情式的表达有几个要素：(1)倾听和理解。站在孩子的视角，设身处地的感受、体会孩子的情绪情感。案例中的小垚妈妈首先通过细心观察女儿的行为，认真倾听女儿所说的话以及说话的语气、语调，从而理解了女儿内心复杂而矛盾的心情。(2)接纳孩子的情绪。无论是积极的还是消极的情绪。案例中的小垚妈妈没有急于给出建议或解决方案，也没有去评判女儿有这些想法和情绪的对错，而只是适时地反馈她对孩子内心情感的理解和共鸣。比如，当女儿抱怨说不想跟小贝做朋友时，妈妈并没有急于纠正她的观念，而是认真听女儿继续表达，并时不时通过一些关键词句的反馈，如“她们这样做的确不太好”，让女儿感觉到妈妈对自己的理解和支持。(3)用孩子能听懂的方式。使用描述性的、不带价值判断的语言，表达对孩子的感同身受，让孩子感受到家长是懂他(她)的，也是值得信赖和亲近的。案例中的小垚妈妈就使用了“我猜，你因为这件事烦恼，除了对小贝的学习表示担忧之外，还因为她俩这样做有些生气!”等语句，很准确地表达出了女儿内心复杂矛盾的心情，让孩子感受到情感共鸣。(4)引导性反馈。即家长在对孩子表达情绪共鸣的基础之上，还要通过反馈来引导孩子认识和处理自己的问题。例如，“妈妈觉得，有的时候也不能把希望全都寄托在别人身上”。但要注意的是，这样的建议一定要以前期的倾听、接纳、情感共鸣作为铺垫，否则会引发孩子的反感和抵触。

案例二

小宇是一个初三的男生，不爱说话，总是显得闷闷不乐、愁眉苦脸，没有什么朋友。他的动作也比较慢，常常磨蹭，总是无法按时完成作业。这些问题让他感到很苦恼，也让他的父母对他很不满，甚至失望。因此，小宇的家长带他去寻求心理咨询的帮助。可是小宇虽然到了心理咨询室，却一直低着头，沉默不语。后来心理咨询师对小宇说了这样一段话："小宇，我看到你眉头紧锁的样子，感觉父母其实误会你了。很多时候你都有你的苦衷。其实你是一个特别上进的孩子，你特别想证明给爸妈看，你不是他们认为的那样。我知道，你心里好想能快一点儿把作业做完，也巴不得上课的时候能一直专心致志。可有时候，好像越是这样希望自己做得尽善尽美，结果就越糟糕。这让你特别苦恼，有时候也对自己很生气，为什么就不能争气一点儿?"咨询师说完这段话之后，明显感觉到小宇的身体变得更松弛，也开始抬头看咨询师的眼睛，因为这段话让小宇感到非常被理解，他的内心得到了宽慰。

接下来，心理咨询师又告诉他："其实我看到的是，你心里真的好努力，但又恰恰因为你的太努力，太想马上看到成效，以至于精力都耗费在这上面了，反而影响了学习的效率。所以，小宇，我希望你能先放松下来，慢慢来，好吗?"听完这段话，小宇已经控制不住自己的情绪，在咨询室里哭得泣不成声，持续了将近10分钟。哭完之后，他开始说话，表达自己的想法和观点。这个过程中，他感受到了被理解和被关心的温暖，也意识到了自己需要放松心态，不要太过焦虑，慢慢来，才能更好地面对学习和生活中的挑战。这次咨询对小宇来说是一次重要的转折点，他开始逐渐调整自己的心态，以更积极、放松的态度面对学习和生活。

基于以上案例，可以深刻体会到共情式表达在帮助孩子识别和理解自身情绪方面的重要性。可以从感受、理解、指导三个维度表达对孩子的感同身受，并进行合理引导。(1)感受：表达观察或体会到的孩子的感受和情绪；(2)理解：对孩子的情绪、感受以及情绪背后的需求表示理解；(3)

指导：给予孩子切实可行的行为指导，并听取孩子的反馈。这三个部分是层层递进的，表达感受是基础，也是最重要的部分。在深入理解孩子的感受后，用他们能理解的方式将其表达出来，并在得到孩子的回应后，他们的情绪才能得到有效安抚，情绪脑的激活程度会逐渐降低。此时，理性、有益的指导信息才能够顺利传输至理智脑，使孩子能够冷静下来，思考并接受家长的建议。基于这三个核心维度，共情式表达被细分为五个由低到高的水平，每一水平都体现了对孩子情感世界的洞察与理解程度。

1. 无共情

忽略孩子的现实处境、感受和需求，完全只从家长自己的角度表达观点和情绪。“你都初三了，天天完成不了作业，你到底要干什么!”——“质问”式的语言，带着指责和评判；“父母都是为了你好呀，你应该理解我们现在着急的心情。”——“道德绑架”式的语言，带着高要求；“你已经不是小孩子了，有什么事好好跟爸爸妈妈沟通，别一声不响闷在心里。”——空洞的“建议”，但毫无具体的建设性。这些表达都是家长特别常用的说话方式，但是这些方式要么激起孩子更激烈的反抗，要么把孩子逼到绝路无处可走。这些话语不仅不能安抚孩子的情绪，还会火上浇油，激化亲子矛盾。

2. 表面共情

表面上看似理解了孩子的现实处境，但缺乏情感共鸣。比如，类似这样的表达：“爸爸知道，初三学习压力大，确实很辛苦。”

3. 初级共情

能够开始理解孩子的感受，并表达出对孩子感受的接纳，但没有进一步的指导。比如，小宇的爸爸可能对孩子说：“爸爸知道，你想考好，想证明自己，却每次都失败，你心里肯定也不好受。”爸爸能说出孩子的一些内心感受，但不完整，并且没有后续的指导。

4. 深度共情

不仅能够理解孩子的不容易，能够全面、深入地体会到孩子的感受和心情，还能理解其情绪背后的需求和期待，并用恰当的语言将其情绪生动、形象地表达出来，让孩子感受到“被懂得”和强烈的情感共鸣。比如，心理咨询师说：“小宇，我看到你眉头紧锁的样子，感觉父母其实误会你了。……有时候也对自己很生气，为什么就不能争气一点儿?”

5. 极致共情

在深度共情的基础上，还包括一些简单的行为引导。比如，心理咨询师在通过深度共情，让孩子感受到“被懂得”和强烈的情感共鸣之后，进一步共情小宇内心的期待，并激发他做出一些改变的行动：“其实我看到的是，你心里真的好努力，但又恰恰因为你的太努力，太想马上看到成效，以至于精力都耗费在这上面了，反而影响了学习的效率。所以，小宇，我希望你能先放松下来，慢慢来，好吗?”

正是因为这位心理咨询师“教科书式”的共情，让小宇在咨询室里哭得泣不成声，因为过去十多年从来没有一个人真正走进过他的内心，从来没有一个人能够像心理咨询师那样懂他，能够说到他心坎上。哭完之后，他开始表达自己的想法和观点。这就是共情的力量。下面罗列出三种如何共情的有用句式，供家长参考使用。

表 4-2　三种共情句式

参考句式一： 表达对孩子情感的理解	“你现在的感受是……，因为……” “你感觉……，因为……” “你感到……，因为……”	“你现在感觉很委屈，因为你觉得爸爸都没有认真听你的想法，就拒绝让你参加话剧社。”
参考句式二： 表达对孩子意图的理解	“你想说的是……” “你现在最希望的是……” “你的意思是……”	“你现在最希望爸爸尊重你的想法和意愿，同意你参加话剧社。”

续表

参考句式三：表达对孩子情感与意图的尊重	“我理解你的感受，我知道这对你很重要。” “我能理解这种心情，我知道这种事处理起来很难。”	“我理解你的感受，我知道参加话剧社对你来说有很重要的意义。”

如果在孩子情绪化时，家长能用共情式的表达与孩子沟通交流，这样既增进了亲子感情，还能在潜移默化中让孩子对自己的情绪感受有更准确、全面的理解，同时也教会了孩子如何用这种直接、准确、恰当的方式表达自己的感受。

第五节　划定行为界限，帮助孩子解决问题

孩子的情绪不会因为家长的一句“别哭了”而消失不见，相反，家长越是去禁止孩子的情绪，或者告诉孩子情绪的标准是怎样的，孩子越容易对自己真正感受到的情绪产生怀疑，这种自我否定很容易让孩子丧失自尊心。但是，如果家长接纳孩子有权产生各种各样的情绪这个事情，并且鼓励孩子用恰当的方式表达出来，孩子的自尊心就会大大提高。同时，他也会学会在情绪激动的时候，要寻找解决办法，而不是一味地宣泄情绪。

案例

周末的时候，姐姐和弟弟在家里玩。最开始两个人玩得很开心，可是没过一会儿，房间里就响起了一阵撕心裂肺的哭声，原来姐姐动手把弟弟给打了。看着儿子哭得满脸是泪，妈妈有些心疼，呵斥着女儿：“你怎么能动手打弟弟呢？当姐姐的要让着点弟弟啊！”面对妈妈的训斥，委屈的姐姐哭喊道：“弟弟非要抢我的玩具，我拿哪个玩具，弟弟就抢哪个玩具。你们这是偏心眼儿，哼！”说完，姐姐摔门而出。

情绪没有好坏对错之分，但是情绪表达的方式则是有恰当与否之分。因此前面讲的接纳和肯定，是接纳和肯定孩子的情绪。但是对于情绪表达的方式，家长不仅要深入理解孩子正常发展阶段的情绪表达方式，还要协助孩子确立并发展合适的情绪表达界限。这意味着，家长要帮助孩子识别并减少不恰当的情绪表达方式，同时鼓励他们探索并增加恰当的情绪表达途径。第四节所讲的，为情绪贴上准确的语言标签，就是恰当的情绪表达方式。案例中弟弟把姐姐的玩具抢走了，姐姐很生气，然后用动手打弟弟的方式表达自己的不满，宣泄自己的情绪。姐姐被弟弟抢走玩具，生气是很正常的情绪反应，家长对姐姐这种行为背后的情绪要表示接纳和认同，并帮孩子为它贴上“生气”的标签，而不是一上来就呵斥姐姐。与此同时，家长也要让姐姐意识到动手打弟弟这种方式是不恰当的，这种行为是不被接受的，同时家长要指引孩子想出其他更合适的方法来处理这些消极情绪，进而帮助孩子学会解决情绪背后的问题。那具体可以怎么做呢？

1. 用红绿灯原则为孩子的行为划定界限

即哪些行为是恰当的，哪些行为是不恰当的，家长心里要有明确的标准，并且还要通过一定的准则去约束孩子的行为，可以参考红绿灯准则。(1)红灯行为：家长无论如何都不会容忍的行为。比如，伤害到孩子自身，或者伤害到他人的行为；非法的、不符合道德的、不被社会允许的行为。(2)绿灯行为：家长期望和认可的行为。(3)黄灯行为：孩子的行为是家长不认可的，但是因为一些原因，家长可以选择包容。例如：①初学者的偏差行为，比如，一个3岁的小孩坐高铁，有时候会哭闹，这个是可以接纳和包容的。孩子年龄大了，就会慢慢学会在公众场合安静了。②艰难时刻的偏差行为。比如，父母在闹离婚，孩子有时候会产生叛逆的行为，这个时候家长是可以对孩子表达更多的理解和包容的。案例中姐姐被弟弟抢走玩具，产生愤怒的情绪是正常的，但是姐姐表达愤怒的方式——打弟弟是不恰当的，是红灯行为，需要家长进行合理引导。

2. 需要倾听孩子的想法，确定当下问题解决的目标

家长在感同身受地倾听孩子的心声，为孩子的情绪贴上标签，并为孩子的行为划定界限后，接下来要做的是确认当下需要解决的情绪背后的问题。家长可以多问一些开放性的问题去了解孩子的想法。例如，案例中的妈妈可以邀请两个孩子一起参与讨论，说出自己的想法和感受。以妈妈和姐姐的交流为例，妈妈可以对姐姐说："妈妈知道你很生气，本来你正在高兴地玩玩具，弟弟没经过你的允许就直接把玩具抢走了。(共情孩子的感受)"姐姐哭着回答说："对呀！他从来都是这样，想玩我的玩具，一声不吭上来就抢，蛮不讲理。"妈妈又说："妈妈觉得你生气是很正常的，如果妈妈喜欢的东西被别人未经允许突然拿走，也会有这些情绪。(将负面情绪正常化)但是，你通过动手打弟弟的方式去表达自己的气愤，打人的行为是不恰当的。(为孩子的行为划定界限)"姐姐小声地回答："妈妈，我知道错了，我那个时候真的是太生气了，就没控制住自己，才动手打了弟弟。"妈妈摸着女儿的头，温柔地说："妈妈知道，那现在你想怎么样，是想继续报复弟弟发泄自己的不满，还是我们一起想办法以后怎么避免这种情况再发生？(确定当下问题解决的目标)"姐姐回答说："他先把玩具还给我！缺了那几个小动物，我的乐高动物园就搭不好了！"有的时候，孩子的目标非常简单，可能仅仅是接受现实或寻求安慰。

3. 跟孩子一起头脑风暴，寻找解决问题的方案

家长要和孩子一起寻找解决问题的方法。家长不要急于把主动权从孩子手里抢过来，而是要给予孩子自主思考的空间，鼓励并支持他。案例中的妈妈跟姐姐确定了当下问题解决的目标(姐姐想让弟弟把玩具还给她)之后，要跟姐姐一起头脑风暴想一想怎样达到这个目标。妈妈可以说："宝贝，你想让弟弟把玩具还给你，你可以怎么做呢？"姐姐想了想说："因为刚刚我打了弟弟，所以我想先跟弟弟道歉，然后再用另外的玩具跟弟弟交换，让弟弟把他手里的那几个乐高动物给我。”与此同时，妈妈也可以引导弟弟：“如果你想玩姐姐的玩具，应该怎么做呢?”或者“姐姐不想让你玩她的玩具时，有没有其他方式可以表达自己的想法?”弟弟可能会说：“下次我可以问问姐姐，可不可以拿玩具。”此时，妈妈要对姐姐和弟弟想出来的解决方案表示赞赏。例如，妈妈可以对姐姐说：“宝贝，妈妈觉得你特别勇敢，而且很大度，虽然是弟弟先抢你的玩具让你生气了，但你仍然能够为自己不恰当的行为给弟弟道歉，妈妈特别欣赏这一点！而且你自己也想出来解决的方案了，妈妈觉得这是你和弟弟之间的事情，应该你们两个自己解决，你可以按照刚才你的想法去试一试，看看弟弟会不会把他手上的玩具给你。”当孩子们提出自己的想法时，家长要给予积极的反馈和支持，肯定他们的思考，并引导他们进一步完善和细化方案。在寻找解决方案的过程中，有一种技巧非常有利于孩子进步，就是把过去的经验和好的办法与目前正在面临的处境联系起来。家长可以提起过去的一个成功案例，然后鼓励孩子根据这个经验找出相似的解决方法。最后，家长可以和孩子们一起总结讨论的成果，形成一个或多个可行的解决方案。

4. 鼓励孩子将解决方案付诸行动

如果孩子选定了方案，家长可以帮助孩子提前进行预演，进而让方案能够更顺利地执行。案例中的姐姐决定用另外一个玩具跟弟弟交换，妈妈可以适当提一下，让姐姐选一个对弟弟吸引力大的玩具，不然有可能弟弟不愿意交换。然后妈妈可以跟姐姐进行角色扮演，让姐姐想好怎么跟弟弟说，在角色扮演的过程中，妈妈还可以表演弟弟拒绝姐姐交换玩具的想法，让姐姐提前做好心理准备。预演结束之后，妈妈可以跟姐姐探讨一下是否需要修正解决方案，如此一来，孩子就会明白方案是可以修正的，并且能在实践中进行优化。如果孩子选择的方案最终失败，妈妈也可以坐下来跟孩子一起分析失败的原因，重新选择解决问题的方案。让孩子明白，一次方案的失败并不代表自己所做的努力没有用，让孩子学会从失败中汲取经验，一步步重新调整，这样孩子的耐挫力、心理弹性、解决问题的能力就会有所提升，进而离成功更近一步。

比如，在二孩家庭中，二宝出生以后，大宝可能会突然变得挑剔又吵闹，晚上不想睡，吃东西不香，走路走不好……这些异常的表现，会让家长们感觉孩子难养。其实，大宝每一次的情绪宣泄背后可能是想寻求家长更多的关注和爱。在孩子通过哭闹、打人的极端方式表达不满时，家长可以通过倾听、理解、共情等方式引导孩子一步步地学会用准确的语言，理性地表达自己的情绪。比如说："我很难过，因为有了弟弟之后，你们大人都围着他转，很少陪我，也不关心我是不是开心，我也很想像弟弟那样希望你抱抱我，可我就是说不出口。"如果大宝表达了自己的失落和对家长的需求之后，家长并没有实际行动的改变，那大宝可能还是会经常感受失落，虽然可以通过准确的语言来表达，但是需要家长做出实质性的改变，他心里的情感缺失才能得到根本的解决。因此，家长如果能够在大宝说出自己的不满和需求之后，给大宝一些专属的陪伴时间，让大宝爱和情感的箱子被填满，问题才能从根本上得到解决。

第五章　培养孩子的好习惯

习惯决定性格，性格决定命运。

我们知道，任何一种行为只要不断地重复，就会成为一种习惯。同样，任何一种思想只要不断重复，也会成为一种习惯，进而在不知不觉中改变人的行为。习惯是人生最有力的导航，良好的习惯是成功的一半。研究表明，良好习惯的养成有利于培养个体的自律品质，提升自我效能感，并形成健康人格。

行为心理学研究表明：同一个动作，若重复21天，便会转化为习惯性动作；同理，一个想法若经过21天的重复验证，也会变成习惯性的思维模式。

习惯的养成，通常经历三个清晰的阶段。

第一阶段：1～7天。此阶段的特征是：刻意，不自然。需要十分刻意地提醒自己改变旧有的行为或思维模式，可能会觉得有些不自然，不舒服。然而，只要坚持下来，便会进入第二阶段。

第二阶段：7～21天。此阶段的特征是：刻意，自然。在这一阶段，虽然改变已经变得相对自然和舒适，但仍需保持警惕，以免一不小心回到原点。

第三阶段：21～90天。此阶段的特征是：不刻意，自然。此时习惯已经形成，无须刻意提醒，便能自然而然地展现出来，这一阶段也被称为

"习惯的稳定期"。一旦跨入此阶段，这项习惯就会成为你生命中的组成部分。

在孩子成长的关键时期，尤其是尚未形成固定思维和行为模式之前，培养良好的习惯显得尤为重要。因为"少成若天性，习惯如自然"，早期的习惯养成，往往能决定孩子未来的发展方向和人生高度。因此，作为家长和教育者，我们应当注重培养孩子的良好习惯，为他们的未来奠定坚实的基础。

第一节　增加"好"习惯

一、鼓励

当他们走进屋的时候，你是否眼睛发亮？

——托尼·莫里森

孩子的心灵渴望鼓励，就如同植物渴望着雨水的滋润。若是没有鼓励的滋养，他们的良好习惯将难以孕育成长，其性格亦难以得到全面的健康发展。更为重要的是，缺乏鼓励的孩子，他们将难以感受到家庭那份温暖的怀抱与归属感，难以在心中构筑起那份坚实的安全堡垒与依托。

案例

3岁的贝贝正在尝试自己穿上厚重的棉衣，他准备和妈妈一起出门买东西。然而，妈妈却快步走过来，轻声说道："贝贝，让我来帮你穿吧，你自己穿得太慢了。"

在贝贝纯真的眼中，妈妈仿佛是一位无所不能的超级英雄，她总能轻松完成那些对自己来说需要花费很长时间的任务。然而，这样的比较让贝贝不禁感到自己在妈妈面前显得如此弱小和无能，一股深深的挫败感涌上心头。那句“你穿得太慢了”就像一根尖锐的针，深深地刺入贝贝幼小的心灵。每当贝贝想要再次尝试自己穿衣服时，那句潜藏在心底的话就会悄然浮现，让他失去了继续努力的勇气。于是，贝贝渐渐放弃了自我尝试的机会，也未能养成“自己的事情自己做”的好习惯。相反，他变得越来越依赖妈妈，仿佛妈妈成了他生活中不可或缺的一部分。

很多时候，家长就像案例中贝贝的妈妈一样，初衷是希望孩子养成良好的习惯，却在不经意间陷入了一个误区——过度强调孩子做得不对、做得不好的地方。这样的做法，往往让孩子在挫败感中逐渐失去了尝试和努力的动力，与原本期望的好习惯渐行渐远。

例如，一个年仅3岁的孩子，怀着满腔的热情，试图协助清理餐桌，然而妈妈却迅速从他手中夺走了盘子，轻声却坚定地告诫：“别动，宝贝，你会不小心打碎盘子的。”又如，当这个3岁的孩子费尽九牛二虎之力，终于自己穿上了鞋子，大人却细心地发现：“你看，你把左右脚穿反了。”再如，当小宝宝初次尝试自己用餐，结果弄得满脸都是食物，餐椅、围兜和衣物都沾染了污渍，大人们往往会忍不住惊呼：“看你把自己搞得这么脏!”随即夺过他手中的勺子，亲自喂他吃饭。这样的场景，在我们的日常生活中屡见不鲜。

当我们不假思索地从孩子手中夺走盘子时，虽然确保了盘子不被打碎，但我们却不经意间摧毁了孩子勇敢尝试、主动实践的信心。当我们责备孩子左右脚穿反时，无形中阻碍了孩子去探索并发现自己的潜能。而当我们因为宝宝自己吃饭弄得一片狼藉而抱怨，并抢过勺子亲自喂他时，我们实际上剥夺了孩子尝试新事物和取得进步的宝贵机会。这些行为在无形中向孩子传递了一种信息：大人是高高在上、无所不能的，而孩子自己则是弱小而无能的。这样的认知一旦固化，将深深影响孩子对自我的认知和价值观，有可能阻碍他们成长为独立、自信的人。

当然，大人的那些行为确实是无心之举，没有哪一位家长希望自己的孩子是“失败者”，并且还要亲自证明这一点。但不可否认，家长的无心之举确实不利于孩子养成好习惯。很多家长由此产生疑惑：正确的做法是什么？我应该怎么做？

著名教育家德雷克斯指出：鼓励——大人在引导孩子成长时应当掌握的核心技能。鼓励，不仅仅是口头上的赞许，更是为孩子提供实践机会，让他们从内心深处建立起“我有能力，我能明辨是非并做出恰当回应”的坚定信念；鼓励，是向孩子们传授那些在日常生活中和人际交往中不可或缺的人生技能与社会责任；鼓励，有时可以简单到一个温暖的拥抱，它能在孩子心灵深处播撒希望的种子，让他们在感受到被爱与被支持的同时，更有动力去努力做得更好。然而，鼓励并不只是口头上的几句轻描淡写，而是应该遵循以下几条原则。

1. 客观赞扬

孩子的成长离不开鼓励，而赞扬则是其中最为直接且有效的方式之一。赞扬应当客观而具体，聚焦于孩子所完成的实际任务或展现出的积极行为，例如，“这件事情你做得很好”，或“我很高兴你能够完成这件事”。这样的赞扬能够让孩子明确自己的优点和成就，从而更加自信地面对未来的挑战。相反，如果赞扬仅仅基于孩子本身的特质或个性，而非其实际表现，那么这种赞扬可能会让孩子产生不切实际的自我认知，甚至导致他们过分依赖外界的认可来维持自我价值感。因此，在给予孩子赞扬时，我们应当注重其客观性和具体性，以帮助孩子建立健康的自我认知和价值观。

案例

10岁的小智在家里和学校都显得比较浮躁。他做起事来总是风风火火，起初充满热情，但往往难以持久，常常是虎头蛇尾。在学习上，他的成绩也显得平平。他是家里三个孩子中的老大，大弟弟8岁，小弟弟3岁。小智喜欢和小弟弟玩，经常和大弟弟小吉发生冲突。小吉却有着与哥哥截然不同的学习态度。他在学校的成绩一直名列前茅，虽然不像小智那样兴趣广泛，但他却有一种难得的韧劲。只要是他决定做的事情，无论大小，他都会坚持到底，直至完成。

一天，小智正在聚精会神地组装一个崭新的书架。他手中的零件在他的巧手下逐渐拼凑成一个完整的作品，只剩下最后的几步就能完工了。这时，妈妈的朋友吉娜阿姨走进了房间，她看到小智的努力成果，不禁赞叹道："小智，看到你亲手打造的书架即将完工，我相信你的书籍也一定迫不及待地想要搬进这个新家了吧！"

吉娜阿姨的话让小智感到有些意外，他平日里总是被批评做事浮躁，难得听到如此正面的评价。他害羞地挠了挠头，脸上露出了红晕。受到鼓舞的小智仿佛变了一个人，他加快了组装的速度，很快书架就完整地呈现在了大家面前。紧接着，他又马不停蹄地将自己的书籍一一搬进了新书架，每一本书都像是找到了属于它的新家。

这件事让妈妈疑惑不已，一向虎头蛇尾的小智今天怎么会突然做事有始有终呢？自己平时也会赞扬孩子，但小智虎头蛇尾的毛病总也改不了。通过跟吉娜阿姨沟通，终于找到了答案。原来，妈妈平时的赞扬大多基于孩子本身，即强调孩子是一个什么样的人。然而，吉娜阿姨的赞扬则针对孩子所做的事情，这让小智第一次意识到自己正在做一件有意义的事情，并且别人对自己所做的事情充满兴趣和认可，让他很受鼓舞。其实，小智内心深处非常渴望得到赞扬。在他的认知里，自己一直是妈妈口中那个心浮气躁、虎头蛇尾的孩子。而大弟弟小吉总是能够成功并得到赞扬，更加剧了他的自我贬低。因此，小智需要更多客观、具体的赞扬来帮助自己重新评价自己，提升自我价值认同，吉娜阿姨的赞扬方式可谓“深得他心”！她不仅肯定了小智的努力和成果，还让他感受到了自己的价值和潜力。这种正面的激励让小智更加自信，也更有动力去克服自己的不足，追求更好的表现。因此，在赞扬孩子时，赞扬方式也很重要，要用更加客观、具体的赞扬方式来激励孩子成长。

2. 把握时机

孩子出现的“坏”习惯，经常会引发亲子冲突，当冲突发生时，大人和孩子可能都会感到愤怒而无法给予或接受鼓励。由于这个原因，友善的退出或“积极暂停”常常是冲突时刻最有效的做法(关于这一点第三章有讨论)。“我想我们两个人现在的心情都很糟，无法讨论这个问题，但我愿意在你我冷静下来之后，再来和你讨论”，冷静期是非常重要的。冷静过后把握时机进行鼓励，可以增加习惯转“坏”为“好”的机会。

案例

10 岁的明明有一个“坏”习惯，那就是每次吃饭前都喜欢玩玩具，不愿意按时坐在餐桌前。这个习惯经常导致家庭晚餐时间变得混乱，家长和明明之间也因此发生了不少冲突。一天晚上，又到了晚餐时间，明明又像往常一样拿起玩具玩了起来。妈妈看到这一幕有些生气，但她想起了“积极暂停”的方法。于是，她平静地对明明说：“明明，我注意到你又想在饭前玩玩具了。我知道这对你来说是个习惯，但这样会影响我们晚餐的时间。我觉得我们两个人现在的情绪都不那么好，无法讨论这个问题。所以，等我们都冷静一会儿之后，再来讨论这个问题。”说完，妈妈暂时离开了餐厅，给了明明和自己一个冷静的空间。过了一会儿，当大家都冷静下来后，妈妈再次找到明明，并温和地对他说：“明明，我知道你想玩玩具，但晚餐时间是我们一家人团聚的时候，我希望你能和我们一起吃饭。如果你能做到这一点，我会感到非常高兴，并且会给你一些额外的奖励。”听到妈妈这么说，明明开始意识到自己的习惯给家庭带来了不便，并且也明白了妈妈对他的期望。在妈妈的鼓励下，他逐渐改掉了饭前玩玩具的“坏”习惯，开始愿意按时坐在餐桌前与家人共进晚餐。

在明明的成长历程中，他的妈妈展现出了较高的教育智慧。她敏锐地将亲子冲突视为转化亲子关系的宝贵时机。每当冲突发生时，她都能迅速而冷静地运用“积极暂停”的方法，有效地避免了冲突的进一步恶化。同时，明明妈妈更是以这些冲突为契机，对明明进行适时的引导。她耐心倾听孩子的想法，理解他的困惑和不满，然后鼓励他进行自我反思和改变。在妈妈的引导下，明明开始逐渐意识到自己的不良习惯，并产生了改正的动力。除了把握亲子冲突的时机，有时家长还需要懂得适时放手，让孩子去体验新事物。孩子在学习新技能或参与新活动时，难免会犯下各种错误，要给予孩子足够的空间去尝试、去探索。在适当的试误过后，把握时机纠错并鼓励孩子，反而会取得事半功倍的效果。

案例

6 岁的乐乐对骑自行车充满了好奇和向往。家长在观察到乐乐对自行车的浓厚兴趣后，决定放手让他进行新体验，尽管他们深知乐乐在初次尝试时可能会遇到各种困难。乐乐的家长为他准备了一辆适合他身高的儿童自行车，并在一个安全的空地上陪伴他练习骑车。刚开始，乐乐骑车摇摇晃晃，几乎无法保持平衡，很快就摔倒了。但他并没有因此气馁，而是在妈妈的鼓励下，一次又一次地尝试。在练习的过程中，乐乐犯了很多错误，比如，没有掌握正确的上车姿势，转弯时容易失去平衡等。然而，妈妈并没有急于纠正他的每一个错误，而是选择在他出现明显的安全隐患或者重复同样的错误时才进行干预。当乐乐再次因为转弯过急而摔倒时，妈妈及时抓住了这个机会，耐心地为他讲解了转弯时的注意事项，并示范了正确的动作。乐乐在理解并模仿了妈妈的动作后，很快就掌握了转弯的技巧。在妈妈的适当纠错和鼓励下，乐乐逐渐克服了骑自行车的各种困难，最终能够熟练地骑行。他在这个过程中不仅学会了骑自行车这项技能，更重要的是学会了如何在遇到困难时坚持不懈，并从错误中学习。

乐乐妈妈如果在乐乐刚开始学习骑自行车的时候，就和孩子说小心这里、小心那里，或者说，你这里做得不好，那里做得不好，很可能会打击孩子继续尝试的信心。但乐乐妈妈放手让孩子试误，并选择适当的时机，用一种建议而非嘲笑的方式引导他、鼓励他，激发他敢于尝试并愿意学习的欲望，只字不提他的失败，最终让他取得成功。即使不用妈妈指出来，乐乐也看到了自己的成功，而且从妈妈的微笑和明亮的眼神里，乐乐也感受到了妈妈看到他成功之后的喜悦。

当然，我们不能指望只鼓励一次就会产生长期的效果。鼓励是一种持续的行为，习惯也需要不断尝试、不断鼓励、不断坚持才能形成。

3. 提供而非剥夺机会

孩子天生具备无尽的勇气，他们怀揣着对未知世界的好奇与渴望，热切地想要尝试别人能够做到的事情，以此来发掘自身的潜能与可能性。

案例

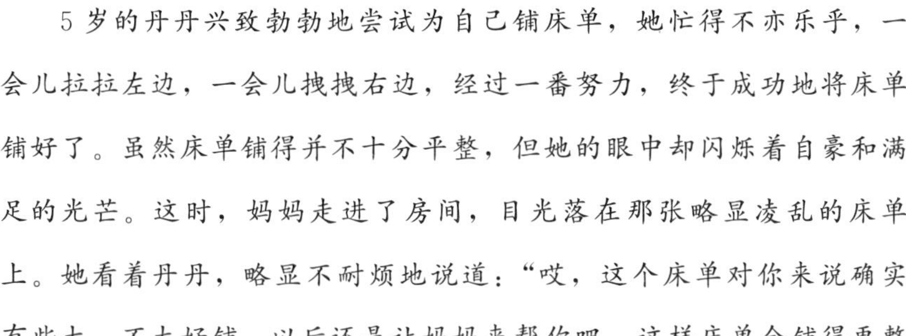

5 岁的丹丹兴致勃勃地尝试为自己铺床单，她忙得不亦乐乎，一会儿拉拉左边，一会儿拽拽右边，经过一番努力，终于成功地将床单铺好了。虽然床单铺得并不十分平整，但她的眼中却闪烁着自豪和满足的光芒。这时，妈妈走进了房间，目光落在那张略显凌乱的床单上。她看着丹丹，略显不耐烦地说道："哎，这个床单对你来说确实有些大，不太好铺。以后还是让妈妈来帮你吧，这样床单会铺得更整齐。"丹丹的眼神中露出一丝伤心。

尽管妈妈的初衷是出于关心和帮助，但这样的说法可能会让丹丹感到自己的努力被轻视，尤其是当她刚刚完成了一个对她来说不小的挑战时。孩子通常很重视家长的认可和赞扬，因此，当家长对他们的努力提出质疑或表示不满时，孩子可能会感到失落或沮丧。妈妈的话看似是"体贴"孩子小，实际上却给孩子传递了这样的信息：因为你还小，所以你什么也做不了；你虽然什么也做不了，但我可以帮你做。这样的信息不仅剥夺了孩子动手实践的机会，还将孩子的责任转嫁到大人自己身上，而这样的转嫁完全是大人一手造成的。也许某一天，大人会责怪孩子太懒、太依赖家长，但殊不知是自己一手栽培出来的。如果孩子经常处于这样的境地，还如何期待他们养成良好的习惯？如何培养他们成长为有责任感的人？

我们不妨换一个场景试试看。当妈妈看到丹丹自己铺床单，并惊讶地赞扬道："宝贝，你太能干了，能自己铺床单了！"丹丹听到妈妈这样说会怎么样呢？毫无疑问，她一定会非常开心、体验到成就感，并且想要继续尝试。当然，由于丹丹年龄尚小，铺的床单难免有一些皱褶。但这并不意味着她的努力不值得肯定。相反，这正是她成长和学习的过程。如果妈妈希望孩子做得更好，可以在丹丹自己铺过几次床单之后，以更加温和且引导性的方式提出建议。例如，妈妈可以说："如果你从这里轻轻拉一下，床单会变成怎样呢?"这样的建议既指出了问题所在，又给予了丹丹思考和尝试的空间。她会乐意接受这样的建议，并愿意尝试让自己的劳动成果更加完美。

孩子的成长是从不会到会、从没有经验到有经验……这个过程需要一次次尝试，甚至一次次试误。在这个过程中，大人应该放慢自己的节奏，停下来等等孩子，多给予孩子耐心和信心，给孩子提供而非剥夺机会，陪伴孩子成长。很多家长不愿意看着自己的孩子走弯路，但家长需要记住：孩子现在多走弯路，是为了以后可以少走弯路；孩子现在得到的实践机会，终将成为他一生的财富。

4. 着眼于优点而非缺点

正如图 5-1 所示，你的孩子身上闪耀着 85％的优点，而仅有 15％的缺点。然而，令人遗憾的是，大多数成年人关注的焦点又是什么呢？

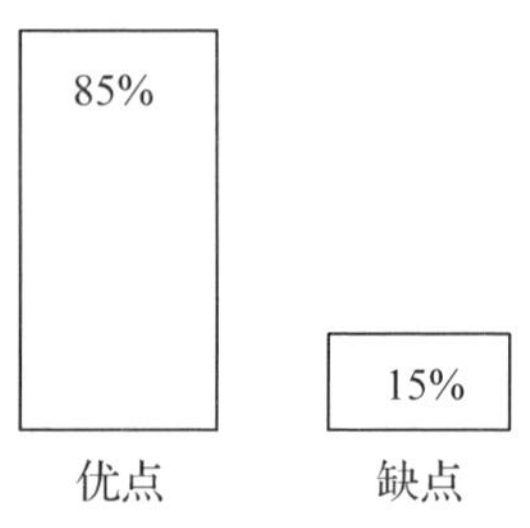

图 5-1　优缺点比例

当你花费大量时间和精力关注消极方面时，消极方面就会逐渐膨胀，而积极方面却在不知不觉中慢慢缩小。你看到什么就得到什么。

案例

7岁的灵儿在学缝袜子，愉快又专注。她时不时拿起正在缝的袜子，欣赏自己的作品。过了一会儿，她带着这个心爱的"作品"去问妈妈一个不太确定的针法。"这里应该收边，灵儿。"妈妈说，"可是老实说，宝贝，你看看这袜子，这些针脚太长了，看起来好乱。你拆掉重来一次吧，会好看很多的。"灵儿原本喜悦的表情暗淡下来。她叹了口气，抿着嘴角轻轻说："我现在不想缝了，我想去外面玩。"话语中透露出一丝失落和厌倦。

对于灵儿的作品，妈妈首先看到的不是她的用心与努力，而是那仅有的小瑕疵，难道孩子的用心不比瑕疵更有吸引力吗？灵儿眼中的"好看"，在妈妈眼里是"好乱"，妈妈还建议她拆掉重来，这令灵儿难受至极，所以她快速逃离了这个让她不愉快的现场。

比较有帮助的一个方法是：妈妈首先跟灵儿分享对女儿作品的喜爱，可以指出几处灵儿缝得好的地方，说："宝贝，这个很漂亮，这里的针法很可爱。"之后妈妈可以再教灵儿一次收边的方法，并说："等你缝完了，咱们可以把它挂在圣诞树上。"这样妈妈不但分享了对灵儿作品的喜爱，还表达出这个是很有价值的作品，是对孩子的充分肯定。当妈妈将注意力放在孩子的优点而不是缺点上面时，孩子的优点就会逐渐被放大，缺点就会慢慢缩小。

5. 将不良行为转向积极方面

很多时候，一个行为不良的孩子，实质上是一个受挫的孩子，也是一个缺乏自信的孩子。这类孩子内心深处坚信自己并不够优秀，因此，他们的行为往往会倾向于对他人产生负面影响，甚至引发他人的不满与愤怒。尽管这样的行为并不被社会所认可，但它却能够为他们带来短暂的关注。

正所谓“挨打总比被忽视强”。然而，这种不良行为往往会引来大人们的责备与批评，甚至有时会遭受体罚。虽然孩子因此达到了获得关注的目的，但与此同时，他们对自身的负面认知又一次得到了验证。如此周而复始，就会形成了一个难以打破的恶性循环。

当一个人自嘲的时候，我们不能跟着一起嘲笑他，因为很可能他是希望通过自嘲的方式得到对方的认可，期望对方告诉他“你不是这样的”。同样的道理，孩子的不良行为也是对自己能力和价值的“自嘲”，而往往这个时候，他需要大人告诉他“你不是这样的”。

因此，大人们应当学会巧妙地引导孩子将不良行为转化为积极的行动。那些在课堂上调皮捣蛋的孩子，往往潜藏着出色的领导才能。一旦大人们敏锐地捕捉到这一点，便应当积极协助孩子将这些所谓的“不良行为”转化为对社会有贡献的行为。以欢欢为例，她每次完成手工后总是不愿收拾留下的垃圾。这时，老师可以巧妙地任命她为小组长，并耐心地教授她整理物品的技巧。随后，让她去指导其他孩子如何整理，这样既能培养她的责任感，又能让她在指导他人的过程中获得成就感。再来看小树，他总喜欢打翻其他孩子搭好的积木。针对这一情况，老师可以让他担任“小老师”的角色，负责教导其他孩子如何在玩积木时相互合作，并在游戏结束时协助其他孩子收拾积木。这样，小树不仅能够认识到自己行为的不当之处，还能在教授他人的过程中学会合作与分享。通过这样的引导与转化，我们不仅能够有效地纠正孩子的不良行为，还能激发他们的潜能，帮助他们成为更加优秀、有责任感的人。

最后，想给家长们一些鼓励：在阅读过程中，你可能会发现有些方法很有道理；同时，你也会在书中找到自己的影子。但请不要气馁，如果没有发现自己的错误，就无法学习和进步。书中指出家长在育儿中出现的失误，只是尝试提供一些帮助和解决之道，并不是要批评和责怪正在阅读此书的家长，更不是让已经感到手足无措的家长更加沮丧和受挫。第一次做孩子的家长，也需要和孩子一起成长，当您正在阅读这本书时，就已经在成长的路上了。

二、奖赏

为了让孩子良好的行为得以频繁展现，我们应当在孩子表现出我们所期望的积极行为时，及时给予奖励。奖励，其基本含义是用金钱、物品或精神奖励优胜者或有功人员。其形式可以是物质、言语、动作，甚至一个表情。

行为主义强化理论强调：人的行为完全取决于强化，受到强化的行为再次出现的可能性更高。因此，不断强化有利于形成习惯。以关在笼子里的饥饿小白鼠为例，当它偶然按压杠杆得到食物丸时，经过多次重复，小白鼠会逐渐形成条件反射，一旦有进食需求，就会主动按压杠杆。同样地，在教育孩子的过程中，我们也可以采用各种外部手段来强化他们的积极行为。例如，通过给予奖赏、赞扬或积分等方式，我们可以有效激发孩子的学习动机，促使他们产生相应的学习行为。但在实际生活中，很多家长都没有使用奖励，而是代替以惩罚的方法。

案例

妈妈很奇怪：今天怎么这么安静呢？妈妈决定去看看，结果发现2岁半的子杰又把卫生纸塞进马桶里。为了制止他的这个行为，妈妈已经打过他好几次屁股了。妈妈生气地大喊："我得打你多少次屁股，你才能记住不可以这样？"她抓起子杰，脱掉他的裤子，再次打他的屁股。可是那天傍晚，爸爸发现马桶里又塞满了卫生纸。

为什么被打了那么多次屁股，子杰就是不吸取教训呢？是因为他太小不懂事吗？当然不是，子杰非常清楚自己的行为，却一再重复。他的行为让我们看到，家长越是说“你不可以”，他越是通过行为说：“不论怎样，我要证明给你们看，我可以！”如果打屁股这种惩罚能够制止子杰往马桶里塞卫生纸的行为，那应该一次就见效了。

当然，有的时候惩罚也会起作用，惩罚通常会立即制止不良行为，但惩罚只是短期有效。受到惩罚的孩子不可能会说：“啊，谢谢你，这个惩罚对我太有帮助了，我很享受你对我的帮助。”相反，他们想得更多的是，只要逮到机会就会报复回来；或者放弃报复，变得无底线屈从和退缩。这是我们想要达到的教育效果吗？显然不是。可是为什么子杰被打了那么多次屁股都没有用呢？哪里不对？

其实孩子的每一个行为都是以目的为导向的，目的不当就会导致行为不当。正如鲁道夫·德雷克斯反复说的那样，“一个行为不当的孩子，是一个丧失信心的孩子”。德雷克斯发现，当孩子们丧失信心时，他们就会为自己选择不恰当或者错误的目的，他将孩子错误行为的目的归纳为四种：

(1)寻求过度关注：只有在得到他人的关注时，我才有归属感。

(2)寻求权力：只有当我说了算或至少不能由他人对我发号施令时，我才有归属感。

(3)报复：我得不到归属感时，至少能让他人同样受到伤害。

(4)自暴自弃：不可能得到归属感时，选择放弃自己。

然而，孩子们是意识不到自己的错误观念和错误目的的。就像上述案例中的子杰，根本意识不到自己的行为不当，更不清楚不当行为背后的目的。但作为家长，很多时候如果一味采取惩罚措施，不仅达不到自己想要的效果，反而会令自己更加恼怒，甚至怀疑自己还能不能做个合格的家长。

因此，我们需要擦亮眼睛，分辨孩子行为背后的目的所在，并根据孩子的不同目的采取相应的措施。

1. 面对寻求过度关注的孩子

课堂上学生可能会通过不断地发出怪笑或者扰乱别人，寻求老师的关注；家庭中孩子也可能会通过乱扔玩具或者打翻牛奶瓶寻求家长的关注。我们要记住，每个人都需要获得关注，但通过不良行为来获取过度关注却是不可取的。那么，家长应该怎么做呢？德雷克斯提供了以下方法供家长参考。

(1)把孩子引向建设性的行为。在家里，给孩子一项对大人有帮助的任务，比如，做饭时让孩子帮忙看时间，饭好之后告诉孩子“因为你帮忙看时间，饭菜才不会煳掉，奖励你一根大鸡腿”；整理玩具时邀请孩子一起参与归类，这样做一方面可以让孩子体会收拾玩具的辛苦，另一方面也可以在此过程中培养孩子整理归纳的好习惯，看着玩具井然有序，孩子也会乐在其中；打翻果汁瓶时也可以趁机让孩子学习拖地，并在孩子做完后给予一杯新的果汁作为奖赏。

(2)做孩子意料不到的事情。孩子在做错事，正忐忑等待家长“狂风暴雨”般的惩罚时，一个满怀的拥抱常常比一顿暴揍更有效。当然，拥抱的目的是安抚孩子的“心惊胆战”，告诉孩子“即使你做了错事，我仍然爱你”，而非强化孩子的错误行为。拥抱过后，还需要和善且坚定地帮助孩子纠正不当的行为。

(3)设定特别时光定期陪伴孩子。寻求过度关注的孩子希望得到大人的关注，但他们往往不知道什么样的方式更合宜，因此常常会采用一些简单粗暴的方式，这样的心理就和家长在孩子做错事时采用简单粗暴的惩罚是一样的。所以家长要在孩子通过犯错或极端行为获得关注之前，满足他的陪伴需求。

(4)给予孩子安慰，表达家长对他的爱。“即使我手上抱着妹妹，但我心里也是爱你的，永远都是爱你的”。孩子不断寻求关注，从另一方面也是在确认家长对他的爱。

2. 面对寻求权力的孩子

很多时候大人惩罚孩子是因为孩子不听大人的话，“我说了不让碰你还碰”“我说不让你做这个你怎么不听话”“大人说你的时候还敢和大人顶嘴”等等，家长往往认为自己就应该拥有绝对的话语权，孩子就应该听自己的，不听话就不是乖孩子，但家长是否想过：孩子是一个独立的人，他们也有自己的思想。不让他们做这个、不让他们碰那个的时候，他们会想：“为什么不可以？我为什么要听你的？”

这个时候，双方其实陷入了权力的争夺战中，大人在捍卫自己的权力，孩子同样是这样，双方互不让步，可想而知：“战争”一触即发。权力，其实并不是坏东西，我们可以建设性地使用它，替代破坏性的使用方式。关于如何避免权力之争，在第三章已经进行了详细的讨论，这里就不再赘述。

3. 面对报复的孩子

记住，孩子会以寻求报复(这使他们有一种控制感)的方式，来遮盖受到伤害的感觉(使他们觉得软弱无力)。那么面对这种情况，家长要怎么做呢？

(1)不要还击，要从报复循环中退出来。

(2)保持友善的态度，等待孩子冷静下来。

(3)尝试了解孩子因为什么受到伤害，通过共情式表达(具体内容见第四章)，对孩子受到伤害的感受表示理解。

(4)坦诚告诉孩子你对他的行为有何感受：我对于……觉得……，因

为……，我希望……。比如，对一些二孩家庭中大宝偷偷打二宝的情况，家长可以告诉孩子：我对于你打弟弟/妹妹的行为觉得很生气，因为你们俩都是妈妈最爱的宝贝，我不想看到你们任何一个人受伤，我希望你和弟弟/妹妹和平相处。

(5)反应式倾听：家长可以将听到的反馈回去，以此走进孩子的内心世界："看起来你很伤心，你能多告诉我一些吗？后来发生了什么？这件事带给你的感受是什么？"更多关于倾听的方法详见第四章。

(6)让孩子和你一对一地讨论问题的解决办法。

(7)用语言和行动表达爱和关切，鼓励孩子，适当的时候奖赏孩子。

4. 面对自暴自弃的孩子

这一类孩子并不是能力不足，而是在权力之争中他们自认为争不过，索性就不争了，听家长摆布。

(1)花时间训练孩子。要知道在权力之争中家长一时"赢了"孩子，却需要付出更多的时间和精力训练孩子，将孩子放弃的权力一步步地找回来，重新交还给他们。

(2)没有谁天生爱"摆烂"，自暴自弃的孩子长期得不到归属感，没有成功的体验，因此他们便放弃尝试与抵抗，变得越来越消极。家长需要把大目标细分成能让孩子体验到成功的小目标，一步一步地引导，一步一步地训练。

(3)放弃对孩子的任何完美主义的期待，多关注孩子的优点。

(4)肯定孩子的任何积极努力，不论多么微小，做到：不挑剔，常奖赏。

当然，有的时候，孩子的一种行为背后可能包含着多种错误目的，需要家长细心观察、理性分辨、灵活运用。要看到错误目的的背后的正向需求。

第二节　减少“坏”习惯

一、利用自然结果与合理逻辑结果

在很多家庭可以看到这样一幅画面：爸爸妈妈、爷爷奶奶或者姥姥姥爷端着碗筷，追在孩子屁股后面，“宝宝，快来吃口饭”“吃完饭再玩”“不吃饭就长不高”……而孩子像玩游戏一样，一直在前面开心地跑着，时不时回头看看后面气喘吁吁又无可奈何的大人。因此，很多家长抱怨：让孩子吃饭太难了，每次吃饭都像打仗似的。

为什么会发生这样的事情？根据正常逻辑，孩子不吃饭，过了饭点他/她自己会饿，这是孩子不好好吃饭的自然结果，应该由他/她自己承担。

所谓自然结果，就是指自然而然发生的事情，没有人为干预。比如，站在雨中会被淋湿，不吃午饭下午会饿。此时不要借题发挥。当大人说“我早就告诉过你了”，或者以其他任何行为把责难、羞辱或痛苦附加在孩子原本能够自然而然地获得的体验之上，就是借题发挥。借题发挥容易激发孩子更强烈的反叛，反而影响孩子体验自然后果。如果让孩子体验自己行为的自然后果，家长就给孩子提供了一个真实的学习机会。

10岁的林海上学时经常忘记带课本。每次妈妈发现他忘了，就会赶快把课本送到学校，并且厉声责备他忘性大，害自己多跑一趟。而林海总是以发脾气回应妈妈的指责和说教，然后继续忘记带课本。

孩子忘记带课本的自然结果是什么？他课上没有书看会被老师批评。

妈妈可以怎么做呢?

第一，提前以尊重、平和的态度告知孩子自然结果。“宝贝，你不带课本的话，上课就没有书可以看，如果你下次又忘记了，我不会再到学校送课本了，因为我相信你能够承担起忘记带课本的责任。”

第二，开始时，孩子肯定还是会忘记带课本，并继续给妈妈打电话。这时，妈妈要坚持自己的计划和原则，妈妈可以平静地回答:“宝贝，你忘了带课本，我想你一定很着急，我也觉得很惋惜，但咱们说好了，你要自己想办法解决上课没有课本的问题哦。”

第三，这一阶段，妈妈的计划可能会被打乱，因为学校的老师不会坐视不理，他们可能会承担起责任，自己给学生找课本。因此，林海的妈妈需要跟学校确认，跟老师达成一致，“对于林海忘记带课本这件事，要让孩子从自己行为的自然后果中学习，他才能够开始承担起自己忘记带课本的责任”。当然，老师在配合计划之前，也需要以尊重的态度跟林海讲明自然后果。

第四，下次当林海又忘记带课本并向老师寻求帮助时，老师可以说:“我很抱歉，孩子，但咱们说好了，你要自己解决这个问题。”

第五，没有妈妈和老师为自己行为的自然后果承担责任，林海肯定会很生气，但与此同时，他也能够体会到不带课本的自然后果，并慢慢改变自己的不良习惯。以后林海也可能还会偶尔忘记带课本，但没人为他包办责任，他只能自己想办法解决了。

“让孩子被批评”很多家长都不忍心，确实，上课没有课本被批评的滋味很不好受。但是偶尔被批评不会对孩子的健康造成伤害，而这次挨批的滋味却能够有效培养孩子自己带课本的习惯，更能减少亲子之间不必要的冲突。我们没有义务替孩子担负全部责任，也没有义务替他们收拾所有的残局，因为这些都是他们自己的事。

同样的道理，家长可以通过自然后果，减少孩子的其他“坏”习惯。例如，孩子习惯把玩具乱丢乱放，就应该承担下次找不到该玩具的自然后果；孩子早上不按时起床，就要承担迟到、被老师批评的自然后果；如果孩子不按照家庭规则把脏衣服放在洗衣篮里，就要承担脏衣服得不到及时清洗导致某一天没有干净衣服穿的自然后果……家长需要决定自己要做什么，而不是让孩子做什么。

当然，尽管自然后果通常是帮助孩子培养责任感的一种方式，但有些情况不宜采用自然后果：(1)当孩子处于危险中时。例如，家长不能放任孩子体验在大马路上玩耍的自然后果。(2)当自然后果会影响到其他人时。例如，孩子朝着别人扔石头危及别人的安全时，学生在课堂上发出噪声影响别人认真听讲时……(3)当自然后果在孩子看来不是问题时，自然后果就不会有效。例如，不洗澡、不刷牙、吃大量垃圾食品等，在孩子看来就不是问题。

这时，大人的介入显得尤为关键，应鼓励孩子选择负责任的合作，即采取逻辑后果。以琳琳为例，她在课堂上写作业时喜欢不停地敲铅笔，这种行为无疑会干扰到其他同学的学习。针对这种情况，老师可以采取一种巧妙的方式：让琳琳自己做出选择——要么停止敲铅笔，要么交出铅笔，等其他同学完成作业后再继续写。让孩子自己做选择，无疑是一个极好的策略，但这也需要大人在私下里向孩子明确说明各种选择可能带来的后果。然而，值得我们注意的是，大人在提供选择时，必须仔细分辨自己的目的是鼓励孩子选择负责任的合作，还是仅仅为了惩罚。为了更加精准地把握这一原则，《正面管教》一书的作者提出了“逻辑后果的四个R”作为甄别准则。

1. 相关(Related)——指后果必须是与行为相关的。

2. 尊重(Respectful)——指后果一定不能包括责难、羞辱或痛苦，且应该和善而坚定地执行，并且对所有相关人员都是尊重的。

3. 合理(Reasonable)——指后果一定不能包括借题发挥，并且从孩子和大人的角度来看都是合理的。

4. 预先告知(Revealed in advance)——指预先让孩子知道，如果他选择了某种行为将会出现什么结果。

如果遗漏了这四个 R 中的任何一个，就不能被称作逻辑后果了。

案例

一年级的雪儿总是随手扔垃圾，不论什么都往地上扔，废纸、包装盒、果皮……在家是这样，在学校也是这样。有一次雪儿扔了一块香蕉皮，导致一位同学滑倒，但她并未因此吸取教训，仍然我行我素。老师和家长说教过很多次，都无济于事。

雪儿乱扔垃圾，其行为背后的目的是什么呢？可能是要得到家长的关注。我们稍微观察一下事件发生后家长的反应，不难发现这一点。运用上述“逻辑后果的四个 R”准则，雪儿的家长应该怎么做呢？

第一个 R(相关)：当孩子随手扔垃圾时，很容易断定其相关后果应该是收拾垃圾，而不是罚站，甚至挨打。

第二个 R(尊重)：“雪儿，你真是个邋遢鬼。”如果大人要求孩子收拾垃圾时加上羞辱，就是不尊重孩子，就不再是逻辑后果了。尊重的说法应该是：“雪儿，你自己扔在地上的垃圾应该怎么处理呢？”“这块香蕉皮会让同学再次滑倒，我们应该怎么办？”大人需要清楚的是，孩子乱丢垃圾，只是没有养成良好的习惯，不是故意让同学滑倒。当家长以尊重而非斥责的语气跟孩子说话时，她常常知道什么是逻辑后果，并且愿意去执行；如果孩子不知道该做什么，可能是因为家长没有花时间训练她——因而家长的期望和要求本身就不合理。

第三个R(合理)：如果大人因为雪儿乱扔垃圾，要求她清洁整个房间或教室，以确保雪儿吸取教训，这样的要求就不合理，大人需要反思：这样做的目的是让孩子在行为中学习，还是惩罚她?

第四个R(预先告知)：可以花时间训练，让孩子清楚垃圾应该扔在哪里，乱扔垃圾会出现哪些后果。

逻辑后果的目的是停止不良行为，减少“坏”习惯，并找到解决方法，而不是惩罚孩子。当一个逻辑后果能将孩子的不良行为转变为一个良好的行为时，它就是有效的逻辑后果。例如，可以采取尊重的态度和雪儿商量，让她负责带领班级同学搞卫生，并在雪儿做到之后，老师及时给予鼓励或奖赏。

无论是自然后果还是逻辑后果，只要正确并坚持使用合理的后果，其效果都会是极其显著的。然而，不论是哪种后果，我们都应邀请孩子事先参与讨论和制定规则，这样不仅能充分尊重孩子的主人翁地位，还能增加他们对规则的认同感和遵守规则的自觉性。通常情况下，孩子自己参与制定的规则，他们更有可能自觉遵守。大人需要以和善而坚定的态度坚守规则，明确自己要做什么，而不是一味地要求孩子去做什么。同时，我们还需要时刻提醒自己：“我与孩子享有同等的地位，我没有权力去惩罚他，也没有权力强迫他接受我的意愿。但我确实有责任引导他，帮助他成长为更好的自己。”只有当我们真正做到了尊重孩子、理解孩子，才能有效地引导他们走向正确的道路，让他们成为有责任感、有自律性的个体。

二、消除批评和减少错误

“老师/家长批评你，都是为你好。”

“要想孩子做得好，遇事批评少不了。”

……

不知正在阅读的您是否也有这样的想法？不论您的身份是否是家长，但不容置疑的是：您肯定做过别人的孩子。孩童时代的您是否喜欢大人打着“为你好”的旗号批评你？面对批评，你又是怎样的心情？

案例

8岁的保国用心给奶奶写了一封信，满怀期待地想要寄出。然而，当妈妈提出要看看信的内容时，保国虽然有些不情愿，但还是勉强将信递给了妈妈。妈妈接过信后，仔细审视了一番，然后皱起了眉头。“保国，你看你写的字多糟糕啊，歪歪扭扭的，怎么不写整齐一些呢?”她指着信上的字，语气中带着些许不满。更让保国沮丧的是，妈妈还发现了信中有三个错别字。她耐心地指出这些错误，并建议保国按照正确的写法重新抄写三遍。她强调说：“这样的信可不能寄给奶奶，乱七八糟的。”保国虽然心里不情愿，但还是按照妈妈的要求重新写了一封信。然而，出乎他意料的是，他在重写的过程中犯了更多的错误。他一次又一次地揉掉了写错的纸张，心中充满了挫败感。最后，保国终于无法忍受这种压力，他气得泪流满面，一把扔掉手中的笔，大声喊道：“我写不好!”最后，妈妈又给出建议：“你写的时间太长了，不如干点儿别的吧，半小时以后再写。”

案例中保国本来很享受写信的乐趣，他认真书写着想对奶奶说的话，虽然在大人看来歪歪扭扭，甚至有错别字，但奶奶看到一定会很高兴。然而，经过妈妈的批评和纠错，保国写信的兴趣全无，或许他从此痛恨写信，因为这件事给他带来了不愉快的体验。

不可否认，妈妈的批评和纠错是“为孩子好”，希望保国书写既正确又美观，给奶奶寄一封“完美”的信，但孩子并不接受，因为“完美”仅仅是大人自己的评判和追求，并不是孩子的。当妈妈的关注点在错误上时，她也将儿子的关注点从正面的“享受写信”转移到了负面的“出现错误”上。

假如妈妈换一种方式会怎样呢？

首先，赞扬孩子给奶奶写信的这番心意。“宝贝，你这么认真地给奶奶写信，奶奶收到之后一定会非常开心的。”正面强调孩子做事的用心，会让孩子觉得被理解、被尊重，从而感到愉悦，也会激发他想做更多体贴的行为。

其次，将关注点转向积极方面。妈妈可以找出孩子写得好的地方，并指给他看：“我看到这个‘敏’字写得很好。真不错，你在不断进步。”这样就可以激励孩子书写得更好，因为他对自己的能力有了信心。或者妈妈可以引导孩子：“这封信上你最满意的地方是哪里？”当孩子听到妈妈带着尊重且欣赏的语气询问自己的意见时，他的话匣子一下子就会打开，他会很开心地指出满意的地方，妈妈也可以顺势询问原因，这时孩子就会滔滔不绝地告诉妈妈为什么满意，自己对于哪里不满意，为什么不满意……

关注积极方面而非消极方面，当大人指出孩子哪里做得好时，孩子往往有意愿做得更好。孩子们就像一棵棵小树苗，希望孩子朝哪个方向发展，就要朝哪个方向引导，如果大人希望孩子积极、自信、上进、懂得欣赏他人，首先自身就不能成为一个只知道挑剔别人的人。

“望子成龙”“望女成凤”是家长们普遍的期望，家长希望孩子有出息、走正道，这并没有错，但当家长打着“为孩子好”的幌子监督、约束、批评孩子的时候，事实上孩子的行为与家长的期望只会渐行渐远。问题究竟出在哪里？

其实，在家长的潜意识里，存在着这样一个根深蒂固的观念——“我的地位比孩子高”。不管是否承认，这个观念很容易存在，并潜移默化地指引着家长的行为。

当孩子不听话，或者跟家长顶嘴，家长觉得自己的权威受到了挑战，为了维护自己的权威，可能会批评、教育孩子一通。家长维护自己权威的同时，孩子也丧失了自己的权利。这样看来，家长与孩子之间的地位是平等的吗？

家长培养孩子的方法，似乎是努力把他们训练成另一个自己。毛巾必须叠放整齐，纽扣必须扣得齐齐整整，字必须写得工整美观……家长在评判孩子做得好或者不好的时候，其实是以自己的行为习惯为参照标准，当孩子的行为跟自己的行为习惯相符就是好，否则就是不好。作为大人，我们是否能确保自己的行为习惯就是唯一标准？在要求孩子跟自己的行为习惯靠近时，家长与孩子之间的地位是否平等？

家长指出孩子的问题，批评孩子，不停地监督、约束和纠正孩子……这样的方式其实是把关注点放在负面的事情上。由于不断对孩子进行指正，不但会让孩子觉得他经常出错，而且还会让孩子变得害怕出错。这样的恐惧心理有可能导致孩子因为怕犯错而不愿意尝试任何事。家长自己都做不到事事完美，却要求孩子完美，家长与孩子之间的地位是平等的吗？

案例

10岁的红红很沮丧地把烤煳的饼干从烤箱里拿出来。她不明白，自己完全按照书上的步骤做了，可是为什么饼干全烤煳了。妈妈闻到烤煳的味道，走进厨房："宝贝，发生什么事了？"红红哭着说："我把饼干烤煳了！"妈妈回答："哦，是噢，我看到了。咱们来看看是怎么回事儿，我知道你不是故意烤煳的。我也理解你没烤出你希望的饼干，心里有些难过。不过哭不能解决问题呀，宝贝。那咱们来找找原因吧。"孩子停止了哭泣，开始研究。她和妈妈仔细检查了每个步骤，结果发现是因为算错了定时器的时间。红红说："啊，我知道哪里出问题了。"妈妈说："很好啊，咱们先把这里清理一下吧，然后你可以再试试看。"

案例中妈妈没有将关注点放在烤煳的饼干上，也没有因此而批评孩子犯了错误，而是通过一种和善的方式将一次失败转变成一个让孩子学习的机会。她通过自己的行为给孩子展示了一个道理：犯错不可怕，我们应该做的，是从错误中学习。她对女儿的伤心也没有过分关注，而是通过让女儿参与检查哪里出错，引导女儿走出了伤心。接下来，妈妈立刻鼓励女儿再接再厉。有了妈妈的支持和理解，红红的挫败感也烟消云散了。

从保国写信的案例中我们可以发现：批评其实是把关注点放在孩子的消极方面，放在已经发生的事情上，是"秋后算账"，会增强孩子的挫败感，打击孩子的信心，阻止他们向着积极的方向发展。红红的案例启发我们：很多时候，孩子因为缺少经验或者判断失误而犯错。这时孩子已经为发生的结果懊恼后悔，如果大人再去斥责或批评孩子，错误不但不会减少，反而容易对孩子造成情感伤害，雪上加霜。我们需要将关注点转向积极方面，转向未来该怎么做。大人减少批评，孩子才能减少错误，当我们看轻错误和困难，孩子也会觉得错误和困难变小了。相应地，孩子克服困难的勇气就会增强。

三、不要"赶苍蝇"

案例一

妈妈用推车推着两岁的佳佳，孩子伸着脚尖，用鞋子一直磨路面。"佳佳，不要这样！"佳佳把脚收回来。可是几分钟后，她又这样做。每次这样，妈妈就说："佳佳，不要这样！"最后，妈妈发火了，停下推车，挥手打了一下佳佳的脚，大声呵斥："我说了不要这样！"从这一刻起，佳佳才一直把脚留在推车里。

案例二

"坚坚，快点儿，你要迟到啦！"妈妈一边喊着7岁的儿子，一边准备早饭。几分钟后，她又叫："坚坚，快点儿！"连叫了好几次。最后，她冲进儿子房间，大声说："你现在马上给我出来！"坚坚赶紧跳起来，去吃早饭。

案例三

"不要再玩儿了，回房间写作业！"爸爸在厨房催促放学回家的浩浩，浩浩无动于衷，一会儿爸爸又说一次："快回房间写作业。"半个小时过去了，爸爸从厨房出来看到浩浩还在客厅玩，爸爸终于忍不住了，大声斥责道："我让你回房间写作业，你是听不懂吗？"浩浩听后，很不情愿地走进房间。

上述三个案例中，家长的反应就是在"赶苍蝇"。赶了一会儿还不见效，但自己却成功地被激怒了。这样的"赶苍蝇"行为，不仅不会减少孩子的"坏"习惯，反而会给孩子传递这样的信号：在家长大发雷霆或者使用暴力前，他们可以不听家长的话。这是我们想要的结果吗？

当孩子的行为给家长带来困扰时，我们首先需要审视并反思自己的应对方式。那种像"赶苍蝇"般的随意责骂，实际上是对孩子的一种不当回应。这样的做法不仅对孩子无法产生积极的效果，还可能适得其反，而且对我们的情绪也并无益处。如果我们真心希望孩子能停止不良行为，或是期望他们能够遵守规则，那么，我们必须从一开始就专心致志，给予他们充分的关注和引导，并始终保持这种态度，直至问题得到妥善解决。

1. 提前告知孩子不良行为的后果/危害

即使提前告知，孩子通常还是会再犯，但这不代表“提前告知”就没有意义。很多时候，孩子对于一些不良行为存在的后果/危害是不清晰的。两岁的佳佳并不知道在推车上伸脚摩擦地面会发生什么，她不具备对行为后果的分析和预判能力，只是觉得这样做很好玩。因此需要家长提前告知后果，例如，佳佳妈妈可以提前告知孩子“在推车上伸脚会把脚磨破、流血”，为了帮助孩子更直观理解这个行为背后的后果，还可以拿一个玩偶进行模拟练习。“提前告知”后孩子如果再犯，那家长就应该决定自己要做什么了。

2. 当孩子明知故犯时，首先了解行为背后的原因

孩子明知故犯、试探规则时，我们决不能采取无效的“赶苍蝇”反应，而应该首先分析孩子这么做的原因。例如，佳佳妈妈可以和善地询问：“宝贝，你为什么喜欢在车上把脚伸出来呢?”如果孩子觉得在推车上伸脚摩擦地面很好玩，那妈妈可以停止推车，放慢节奏，让她一次玩个够。很多时候孩子和大人关注的点是错位的，大人关注到的是孩子不听话，但孩子也许只是觉得新鲜好玩，想增加这种体验。因此，在不清楚行为背后的目的之前，不要妄下定论，更不要急于采取行动。同理，坚坚妈妈和浩浩爸爸也需要了解孩子行为背后的原因。

3. 语言不是沟通的唯一方式，但经常是最无效的一种

孩子通过自己的行为激怒家长，家长的反应就像在说：“苍蝇别来烦我!”当我们被别人的行为激怒，我们很自然地使用“不要”“停止这样”“不”“快点儿”“安静下来”这样的话，想要让这些行为从我们的世界里消失，但很多时候得到的却是“苍蝇周而复始的攻击”。上面的每个例子中，家长多次语言催促和提醒后无果，最后往往会变成激烈的反应，如吼叫、威胁等。这是自然反应，也是无效的训练方法。

其实，坚定的行为往往比语言更有效，家长需要花时间训练孩子的行为，训练过后根据孩子的表现决定自己该做什么。例如，佳佳的妈妈可以在她伸出脚时，停下推车，什么都不用说。佳佳很快就明白，如果她想继续被推着往前走，就要把脚收好。妈妈的沉默和坚定，比不断大喊“不要这样”和最后那一巴掌更有效。坚坚的妈妈可以告诉他，她不会再追着提醒他准时吃早饭，他要开始自己为自己的行为负责(自然后果)。当妈妈不再反复催促孩子吃早饭时，坚坚很快就会明白：准时过来吃早饭是自己的事，否则就得饿着肚子上学。浩浩的爸爸从厨房出来，看着孩子，什么也不用说，孩子就知道该怎么做了。

4. 花时间训练

习惯的养成需要时间。自己的事情自己做，饭前便后要洗手，什么时间该做什么……这些都是需要花时间训练的。如果孩子没有养成这方面的习惯，家长首先需要反思自己有没有给孩子提供这方面的训练。浩浩放学后迟迟不去写作业，就是因为他没有得到“什么时间该做什么”的有效训练。

如果我们真的想改变孩子的行为，就需要先注意自己的行为。我们的行为是在培养孩子的良好习惯，还是只是在“赶苍蝇”。

第三节　养成规律

探索是一项贯穿生命始终的活动，探索的目的在于确定边界和范围。孩子在母腹中，通过伸胳膊、蹬腿确定自己可活动的边界；出生之后，孩子来到一个广阔的场域，可以尽情地伸胳膊、蹬腿而不受限制；几个月之后，孩子可以通过摸、爬、滚等行为确定自己的活动边界和范围；再大一点儿，孩子开始站立、行走、奔跑，孩子的好奇心在慢慢增强，而活动的范围也在慢慢扩大。正是明确了自己的活动界限，在限定的边界内自由活动，孩子才能感受到安全感。

而规律，对于孩子来说就像院子的篱笆、房子的墙，赋予生活的界限和范围。没有哪个孩子能在完全无法预知和无法期待的生活中过得愉快而安逸。规律让人有安全感。当孩子感受到规律的稳固时，很少会试图挑战这个底线。相反，当界限像天空那样无边无际时，孩子就会觉得手足无措。如果孩子习惯了这样的“无边界”环境，他/她的行为就会无法无天，无法明晰自己的权利与义务，无法自律、无法适应社会生活。心理学上也认为“边界意识”是人际交往、亲密关系、社会适应等的保障。因此，家长有责任帮助孩子树立“边界意识”，养成有规律的习惯。

有规律的习惯需要花时间训练。狗是人类忠诚的朋友，它们从事的工作领域非常广泛，如警犬、搜救犬、缉毒犬、导盲犬、牧羊犬、杂技表演犬……在这些专业领域，狗都有着非常出色的表现。然而，众所周知，它们并不是天生就掌握这些专业领域的专业技能，而是需要后天一次又一次的训练。抛开这些专业领域的狗不谈，家养的宠物狗同样需要经过训练，才能形成稳定的卫生习惯和作息规律。狗狗世界尚且如此，作为灵长类动物——人类幼崽难道就不需要训练吗？

大人们往往期望孩子去完成那些未经适当训练的任务，这种情形在家里更为普遍。

案例

每天早上，4 岁的小迪都会无助地坐在床上等着妈妈帮她穿衣服。纽扣让她头疼，她还分不清衣服的前后，更别说系鞋带了。每天早上，妈妈都会为此而责骂她，但最后总是帮她穿好。

案例中小迪分不清楚衣服前后、不会扣纽扣、不会系鞋带，她的无助没有得到妈妈的训练和指导，而是妈妈的服侍——代替她完成。这样的情况发生在每天早上，但都是以妈妈的责骂和妥协收场。试问：小迪天生就应该会穿衣服、扣纽扣、系鞋带吗？

面对孩子的盲区和无助，大人们往往只告诉孩子自己的期盼，而不愿意花时间训练孩子。于是双方出现很大的误区，而这个误区往往需要花费双倍甚至多倍的时间才能得以弥补和修复。

案例

妈妈走进阳阳的房间，看着满地的玩具和散乱的书本，眉头不禁皱了起来。她轻声却坚定地对阳阳说："阳阳，你看你的房间有点儿乱，能不能把你的房间收拾干净呢？"阳阳抬起头，看了一眼房间，然后有些敷衍地回答："妈妈，我已经收拾好了。"在他心里，只要地上有地方可以放下自己的脚，那就是收拾好了。然而，妈妈显然对阳阳的回答并不满意。她环顾四周，发现地板上仍然散落着一些灰尘和杂物，便耐心地对阳阳说："阳阳，你还没有真正收拾好。地板上的灰尘和杂物还需要再清理一下，至少要达到可以安心坐在地板上读书的程度才行。"

很显然，妈妈和阳阳对于同一事件的理解和期望不同，产生的效果也就大相径庭。妈妈指望阳阳把房间收拾干净，但并没有告诉他应该怎么做，收拾到什么程度，当阳阳回到自己乱糟糟的房间时，他感到不知所措、无从下手。

实际上，妈妈需要花一些时间来训练阳阳收拾房间，花时间训练就需要步骤明确的指导。例如，妈妈告诉阳阳，第一步，要先把散落的书籍放回书架。当阳阳完成之后，告诉他第二步任务是“送玩具回家”，如有轮子的放哪里，没有轮子的放哪里，毛绒玩具放哪里，等等。步骤明确的操作方法可以激发阳阳的兴趣，当他一项一项完成任务，看着房间由杂乱慢慢变为整洁时，他的成就感和自豪感油然而生，也会体验到收拾房间的乐趣。妈妈如果在阳阳收拾完房间时及时给予鼓励，长此以往，阳阳整理房间的习惯就会慢慢形成。相反，如果阳阳妈妈不花时间训练孩子，那么很快就会发现，需要花更多的时间纠正未经过训练的不当行为。

花时间训练意味着不断重复。每项技能的训练，都需要通过不断重复直到熟练为止。上述案例中的阳阳不可能经过一次训练就获得收拾房间的技能，更不会瞬间养成定期收拾房间的习惯。阳阳妈妈下次可能还会看到一个乱糟糟的房间和一个手足无措的孩子。这就需要大人在花时间训练的过程中投入极大的耐心和信心，并及时对孩子说一些鼓励的话，比如："没关系，再试一次吧，你能做到。"要给孩子提供尝试和适当试错的机会，让孩子在实践中获得技能，在一次次的试错中掌握技巧，养成习惯。与此同时，大人需要放慢自己的节奏，适当停下脚步，等一等孩子。我们陪孩子慢慢长大，孩子陪我们慢慢变老。

不断重复代表枯燥乏味，花时间训练也可以很有乐趣。大人可以借助玩具店的小道具，也可以自己制作道具。比如，几个大扣子加上旧衣服上剪下来的扣眼，就可以帮助孩子学习扣扣子；在硬纸板上画鞋子，打几个洞，就可以教孩子穿鞋带、系鞋带；帮助芭比娃娃收拾打扮，可以帮助孩子学会分辨衣服的前后、鞋子的左右。一般来说，孩子会很乐意参与道具制作以及类似的模拟活动。大人也可以借此引导孩子的行为习惯，增加创造力。愉快的氛围、对每一个小成就的认可，能够让大人和孩子都享受学习的过程。

当然，花时间训练并不意味着孩子就能马上、完全做到家长满意的程度。因为每个人的评判标准各不相同，我们不能将自己的标准强加于人，更不应该强行让孩子认同这样的标准。如果家长期望将自己的孩子塑造成心目中的完美形象，那么他们往往只会收获失望。实际上，问题并非是孩子做得不够好，而是家长设定的标准过高了。孩子的成长是一个渐进的过程，需要时间和耐心，我们应该给予他们更多的理解和鼓励，而不是过分苛求。

记住，完善并不等同于完美。不论是孩子，还是大人，完善都是贯穿一生的目标和过程。习惯和规律的建立，是从无到有，再到逐渐稳固，这本身就是一个不断演变、不断精进的过程。即使是已经形成的习惯和规律，也不是一成不变的，毕竟时代在变，人也在变化。在这个世界上，唯一恒久不变的，便是变化本身。因此，家长应该用欣赏的眼光看待孩子，捕捉孩子每一个细微的变化和进步，感受孩子每一次的成长与蜕变。然后，用充满赞赏的口吻告诉他："宝贝，你真棒！"

值得注意的是，千万不要在客人面前或公共场所训练孩子的新技能，在这样的环境下，孩子会采取最习惯的方式而不是采用新技能。如果家长希望孩子在公共场合守规矩，则需要提前在家里进行训练。如果孩子在公共场合行为失控，较为妥善的处理方式是冷静且迅速地将其带离现场，并回到家中继续对其守规矩的行为进行训练。通过这样的方式，我们能够更好地帮助孩子养成良好的行为习惯，让他们在各种场合下都能展现出最佳的状态。

第六章　父母的自我修炼

如果把孩子比作一条船，那父母就是船底的那只锚，让孩子能够形成稳固的抓力。在小船停靠港口的时候，无论有多大的风浪，无论小船怎样沉浮，它始终没有被摧毁、被吞没。但如果父母本身就处于焦虑和恐惧的旋涡中，那么就不可能为孩子提供稳固的抓力。因此，家长要学会自我修炼，做孩子坚实牢固的“锚”。

其实，每个孩子生下来都是一张白纸，父母是那个精心作画的人，白纸会变成什么画面，父母的作用尤为关键。但如果父母自身没有学会情绪管理、处理好夫妻间的矛盾冲突，给孩子做了错误的示范，那孩子很难成为一幅赏心悦目的“画”。陶行知先生在他的《教育的真谛》中说过：“以教人者教己。”作为父母，想要孩子成为什么样的人，自己就得努力成为什么样的人，要以要求孩子的标准要求自己，给孩子做好榜样。言传身教，才能赢得孩子的尊重和信任，以身作则，才是最有效的示范。我曾经看过一本书叫《自我关怀的力量》，写得非常好。这本书告诉我们，家长在成为家长之前，首先是一个独立的个体，他/她自身的情绪、感受也非常重要。所以我们在谈及家庭教育之前，请每位家长先好好关怀自己、修炼自己，让自己先成为我们期待孩子成为的人。

本书的最后一章，我们一起来谈谈家长的自我修炼。这部分至少包括三方面内容：(1)家长要成为自己情绪的主人，能很好地管理和调节自身

的情绪；(2)家长在言行方面，要给孩子做个好榜样，提供一个正面的示范；(3)家长要妥善处理婚姻关系，因为这是孩子人际技能最早的学习基地。

在大多数情况下，自我关怀和自我修炼都不是一件简单的事情，但是，无论如何，父母们都要为自己创造一个关爱自己的环境，不需要急于求成，立马改变，也不需要尽善尽美，没有任何瑕疵，有时候，一点点的改变也是一个正向循环的开始。

第一节　家长自身的情绪调节

一、为什么家长的情绪如此重要?

在现实生活中，我们会发现，即使家长通过听课、看书等途径学到了很多科学的育儿方法，但是在真正面对孩子的时候，这些方法未必就能派上用场，因为这取决于当时家长自身的情绪状态。因此，在养育孩子的道路上，家长的情绪状态和情绪稳定性至关重要。

首先，家长是孩子最早也最持久的榜样。如果家长对自身情绪的敏感度很高，能够用恰当的方式准确表达自己的情绪，并在遇到情绪困扰时，采用积极的态度进行及时的调节和管理，从而让自己在大部分时候保持积极、稳定的情绪状态，那么孩子在家长的榜样示范下，通过耳濡目染，也自然而然学会很多情绪表达和调节的技巧。相反的，如果家长在情绪表达和应对中采用的都是消极、冲动的方式，孩子也更有可能学会这样的方式。其次，家长的情绪会影响亲子关系。如果家长每天的情绪都是开心愉悦的，跟孩子的互动更频繁，更及时关注到孩子的需求并回应他们，孩子就更能感受到家长的温暖与关爱，也更愿意敞开心扉，分享自己的喜怒哀乐，于是亲子关系就在这样的良性互动中变得更加亲密和谐。但如果家长总是郁郁寡欢，没有那么多精力分给孩子，孩子可能会感受到被忽视、被冷落，这样的亲子关系可能就会日渐疏离。此外，研究发现家长的情绪状态会直接影响其言行，包括对待孩子的方式。如果家长情绪稳定、心境平和，更有可能用科学、理性的方式去教育孩子，比如，我们在前面的章节中讲到的非暴力沟通法、亲子行为契约法等，从而促使孩子的行为进入良性发展的轨道；但如果家长情绪不稳或情绪激动，就很难冷静、理性地将所学的科学育儿方法用到孩子身上，而更有可能采用冲动、情绪化的方式对待孩子，这就为孩子的身心健康问题埋下了隐患。

1. 家长好心情，孩子好心情

案例

13 岁的明明放学回到家，听到爸爸妈妈正在有说有笑地谈论今天在工作中发生的趣事，并且商量着春节假期去哪里旅行。明明自然而然地加入了进去，一家人聊着最近生活中新奇的事情，并畅想着春节假期要怎样安排，整个氛围很轻松也很融洽，明明感觉上学的疲惫感瞬间减轻了不少。

同样 13 岁的笑笑回到家，就听到妈妈跟爸爸正在因为钱的问题吵得热火朝天。看到孩子回来，爸妈停止了争吵，但是妈妈的气并没有消，冲着笑笑没好气地说道："回来了就赶紧回房间写作业啊，在这儿站着还等着我伺候你，给你脱鞋吗?"笑笑沉默着没说话，转头就进入了房间把门"嘭"的一声关上了，还能听到妈妈在外面唉声叹气。

家长的情绪是有感染力的。当家长的情绪是积极的、愉快的，孩子也会感到整个家庭氛围是轻松的，从而就会促使孩子产生同样的愉快情绪，就像案例中的明明一家，家长都善于在日常生活中寻找美好之处，从而让整个家庭的氛围变得轻松愉悦，明明也被家长的情绪所感染，从而变得更加积极。而反观笑笑一家，家长的唉声叹气、怨声载道，让整个家庭的氛围变得沉闷、压抑，笑笑自然也被这种消极情绪所感染，长此以往可能也就变得跟父母一样消极负面、压抑沉闷。

为什么家长的情绪如此有感染力呢？原始性情绪感染理论(The Theory of Primitive Emotional Contagion)认为，一个人的情绪可以通过原始性、无意识性的模仿—反馈机制来与另一个人的情绪保持同步，也就是说，当青少年觉察到家长的情绪时，会无意识地进行模仿，从而诱发直接的情绪感染，也就是我们常说的情绪具有代际传递作用。就像明明一家爸爸妈妈的欢声笑语感染了明明，整个家庭氛围是和谐融洽的，明明也感觉到轻松快乐；反观笑笑一家，爸妈的争吵和互相埋怨也感染了笑笑，整个家庭氛围是压抑的，笑笑自然也很难笑出来了。

当然，这并不意味着家长在孩子面前必须完全隐藏自己的情绪，强颜欢笑。因为强颜欢笑并不是真正的快乐，而是对情绪的回避和压抑。虽然家长努力装出云淡风轻，但孩子依然能敏锐地感受到家庭氛围的微妙变化。因此，家长除了尽量让自己保持积极、正向、稳定的情绪之外，还包括在真正遇到情绪困扰时，能够直接面对，在及时觉察自身情绪的基础上，采用恰当的方式表达和调节自己的消极情绪。通过积极面对和处理自己的情绪，家长不仅能提升自我情绪管理能力，还能为孩子树立一个情绪管理的正面榜样。相反，如果家长持续回避情绪问题，不仅可能导致更多潜在危机爆发，同时也没法给孩子提供正面的情绪管理榜样。

情绪会代际传递，只有家长有好心情，孩子才会有好心情；只有家长能在遇到情绪困扰时进行积极正面的管理和调节，孩子才会在面对消极情绪时更有信心和能力去应对。

2. 家长好心情，亲子更和谐

案例

小明生活在一个充满欢声笑语的小家庭中。他的家长都是乐观开朗的人，他们深知自己的情绪状态对孩子成长的重要性。因此，无论在工作还是生活中遇到什么困难，他们总是以积极、乐观的态度面对，并及时想办法调整自己的情绪状态。每天下班回家，他们会带着愉悦的心情与小明互动，主动询问他在学校的情况，耐心倾听他的喜怒哀乐，并给予积极的回应和建议。周末时，这个家庭更是充满了欢乐，家长会陪伴小明一起进行户外活动，享受亲子时光，增进彼此的感情。在这种充满爱与关怀的环境中，小明感受到了家长的温暖和支持，他的性格也变得越来越自信、开朗和乐观。他愿意与家长分享自己的心事，遇到困难时也会主动寻求家长的帮助。随着时间的推移，家长与小明之间的亲子关系越来越亲密，彼此之间的信任和理解也越来越深。

然而，在另一个家庭中，小亮的成长环境却截然不同。他的家长经常因为工作上的压力或生活中的琐事而心情低落，愁眉不展。当他们情绪不佳时，自然对小亮缺乏关心和耐心，甚至会变得烦躁、易怒。这让小亮感觉到孤单、困惑和无助，就算自己遇到麻烦和困难，爸妈也无暇顾及，更谈不上去关注和回应小亮的情绪了。在这样的家庭中，小亮没有学会怎么表达和排解自己的情绪，也不知道是否以及怎么向家长求助，他学会了隐藏自己的真实感受，不敢轻易打扰他们。长此以往，小亮与家长之间的亲子关系越来越疏远，他也变得越来越孤僻、低落，甚至压抑。

在两种截然不同的家庭氛围中，小明和小亮的成长轨迹诠释了家长情绪对亲子关系的深远影响。当家长心情愉悦时，他们的精力也更充沛，能够更及时地觉察到孩子的细微变化，关注到孩子的心理需要，给予孩子高质量的陪伴，让孩子感受到充足的情感温暖和支持，从而促成亲密和谐的亲子关系。而当家长情绪总是不佳，每天沉浸在自己哭闹中，他们就更难及时觉察到孩子的细微变化，也容易忽视孩子的感受和需要，甚至对孩子表现出不耐烦、嫌弃，长此以往，自然就会导致亲子关系的疏远与隔阂。

作为家长，应该时刻关注自己的情绪状态，学会有效地管理情绪，为孩子创造一个健康、和谐、支持性的成长环境，为良好的亲子关系的形成打下坚实的基础。

3. 家长好心情，育儿更有效

家长的情绪困扰也会影响他们的养育方式。研究发现，经常处于焦虑、愤怒、压力等负面情绪中的家长会更多地对孩子采取消极的教养方式，如威胁、批评和控制等教养行为。而情绪调节能力较好或情绪调节困难较少的父母会更多地采用积极的养育行为，如给予孩子更多的温暖与支持，在孩子的教育中更投入，并对孩子的情绪有更积极的反应。

当前，由于我国高竞争性的教育体制以及家长对孩子教育的普遍重视，很多家长都会有教育焦虑情绪。尽管“双减”后家长的这种焦虑有所缓解，但仍旧处于较高水平，而这对于他们的育儿方式也产生了较大影响。

案例

花花妈妈非常在意花花的学习成绩，并且常常因为花花的成绩没有达到她的期望而批评花花。一二年级的时候，花花妈妈就要求花花每门课的成绩不能低于95分，如果哪门课成绩没达标，她不仅会严厉地批评花花，还会给花花加练。“我是接受不了她低于95分的，我会问她，怎么这么简单的题你都不会做，怎么我讲了这么多遍你还不会，还会去质问她上课是不是没有认真听，可能会批评很多。除此以外，我还会疯狂地去给她补知识，会让她不停地练习数学计算，语文也要给她做古典文化的熏陶。”

在这种焦虑情绪的影响下，花花妈妈严密控制着花花的生活。“我会给她安排好每天放学之后回来的计划，比如，5点回来吃饭，5：30到9点做作业，做完作业之后，9点到9：30休息、洗漱，然后9：30让她上床睡觉。”一开始花花还是很配合的，但是随着时间的流逝，花花慢慢地被妈妈紧锣密鼓的安排压得喘不过气，于是就产生了抵触，甚至出现了厌学的情绪。可是焦虑的妈妈不但没有意识到自己的教养方式给花花带来了怎样的伤害，还愤怒地批评了花花：“你这孩子怎么烂泥扶不上墙呢？我都给你安排得这么好了，你照做就是了，怎么还天天抱怨？”

焦虑的花花妈妈沉浸在对孩子未来发展的担忧中，不自觉地被消极情绪裹挟，采取了多种消极的教养方式。首先，当花花的成绩没有达到妈妈的预期时，她心中的教育焦虑一下就被点燃了，她严厉地批评了花花，而且还给花花增加了更多的练习任务。考差了的花花本身已经很沮丧和失落了，而妈妈的批评不仅不能改变花花学习和情绪的现状，还会让花花因为让妈妈失望了而感到更加的自责与痛苦，让花花感觉到不被接纳、不被理解和不被关怀。其次，焦虑情绪影响下的花花妈妈对孩子的未来有着强烈的不安全感，因此为了增加自己的控制感，她选择全权掌控孩子的生活，不顾花花意愿地为她安排好一切。可是这样的安排对于花花来说却是一种负担，她没有对自己生活的掌控权，连娱乐时间都在妈妈的监控之下，因此她就产生了强烈的抵触情绪，甚至也对妈妈非常在意的学习产生了厌恶。

消极情绪既是困扰家长自身的“心魔”，也是助长家长对孩子不良养育的“幕后黑手”。因此，家长需要学会调整自己的情绪和心态，以更加平和的心态对待孩子，以更加理性和温和的方式教育孩子。只有家长的心情好了，才能更好地应对教育孩子过程中的种种挑战。

二、放松心态，从容育儿——情绪调节的4A模型

既然家长的情绪对孩子的成长有这么重要的影响，那就一起来寻找情绪管理的有效方法。希望情绪调节的4A模型能帮助家长及时地发现、接纳并调节自己的情绪。根据该模型，情绪管理分为四个步骤：觉察情绪(Aware)、接纳情绪(Accept)、分析情绪(Analyze)和调节情绪(Adjust)。

1. 觉察情绪(Aware)

很多家长遇到情绪困扰时都希望立即找到快速有效的解决办法。但很多心理学的研究发现，要做到有效的情绪调节，首先得提升自己的情绪觉察和感知能力。这需要对情绪的类型、各种情绪的基本特征和情绪信号敏感，并通过一些方法准确感知自己的情绪状态和变化。

中国古语所说的“七情六欲”中的“七情”，讲的就是“喜”“怒”“哀”“惧”“爱”“恶”“欲”这七种基本的情绪或感情。心理学将情绪分为六大基本类型：快乐、悲伤、愤怒、恐惧、厌恶、惊奇。其中快乐指目的达到、紧张解除后得到的情绪体验，悲伤指失去所拥有、所盼望或所追求的事物后引起的情绪体验，愤怒指目的和愿望不能达到或一再受挫、逐渐累积而成的情绪体验，恐惧指缺乏处理或摆脱可怕情绪的力量或能力所造成的情绪体验，厌恶指令人不愉快、反感的事物诱发的情绪体验，惊奇指外部情境不符合主体信念所产生的情绪体验。家长可以通过对自己的语言、语气语调、肢体动作以及生理状态来对自己具体的情绪状态和情绪强度(比如，是有一点点难过，还是非常伤心，还是极度悲痛)有更准确的觉察(详见第

四章第一节，了解情绪的各种信号)。除此之外，情绪还有表层情绪和深层情绪之分，表层情绪是指表现出来让外界直接感知到的情绪，深层情绪则是掩藏在内心深处，不希望让人知道的情绪(详见第四章第一节，表层情绪和深层情绪的区分)。

那么，家长可以通过什么方法和途径来提升情绪觉察能力呢？首先，可以通过冥想与反思，让自己先静下来，去体验自己当下的情绪或者回溯到上一件让自己产生情绪波动的事件当中。其次，可以通过一些艺术活动，提升对自己情绪的敏感度和觉察力。最后，可以坚持写情绪日志，为自己列一份情绪清单并进行每天的反思和日志撰写(详见第四章第一节的相应内容)。

2. 接纳情绪(Accept)

在第四章关于家长如何对孩子进行情绪教导时，就已经谈及情绪管理的重要前提是要先准备觉察到并接纳自己当下的情绪状态，不管是开心的、放松的情绪，还是难过的、孤独的、生气的、脆弱的情绪，都要正常化看待并且接纳它们，因为所有的情绪都有其正面的功能和意义。家长不仅要接纳自己的表层情绪，更要接纳自己的深层情绪，因为深层情绪往往是脆弱的、无助的，更需要家长自己的关怀与照顾。《自我关怀的力量》这本书里讲到的很多方法是可以帮助家长更好地善待自己的情绪，善待情绪背后的那个自己。比如，自我拥抱练习：在你感觉糟糕，想要平复和安慰自己时，请给自己一个温柔的拥抱；如果你感觉到紧张不安、悲伤不已、想要自我批评时，请试着给自己一个温柔的拥抱，柔和地轻抚自己的双臂和脸颊，或者轻轻摆动你的身体；在遭遇痛苦的时候，请给自己拥抱，每天数次，至少为期一周。如果家长还能够通过语言为自己当下的情绪贴上准确的标签，这就为情绪调节又迈进了一步。

3. 分析情绪(Analyze)

情绪背后通常有多种原因，如生理因素、环境因素和认知因素。因此

在觉察并接纳自身情绪后，还要具体分析为什么会产生这样的情绪。首先，从生理角度出发，身体激素的变化或者疾病都有可能带来情绪的变化或波动。比如，女性在经期或更年期的激素变化可能容易情绪低落或烦躁，当甲状腺功能减低的时候可能会出现抑郁的症状。其次，从环境因素出发，比如，夫妻之间的频繁争吵，孩子总是不能完成作业，巨大的工作压力等环境的因素也会让自己的情绪发生起伏变化。最后，从认知因素出发，情绪状态较差可能源于经常将自己的情绪归于所发生的事情或环境的因素，而没有关注到自己对事情的看法、观点、期待和渴望是什么。家长通过情绪冰山图对自己的情绪原因进行更系统的分析(详见第四章第一节的相应内容)。画完冰山图，也许您就会更能体会情绪不仅跟客观事件有关，更与您的主观解读有关。

4. 调节情绪(Adjust)

在对自己的情绪有充分的觉察、接纳，并对情绪背后的原因和意义进行细致分析的基础上，接下来就是寻找适合自己的负面情绪调节方法了。主要包括动起来、静下去、自我满足、自我对话、合理规划、向外求助等方法。(1)动起来。①选择适合自己的运动：如果你喜欢激烈和具有挑战性的运动，那么蹦极或跑步可能是不错的选择。如果你更倾向于安静和放松的运动，那么瑜伽或太极可能更适合你。瑜伽注重呼吸和身体的协调，通过一系列柔和的动作和冥想，可以帮助你平静内心，放松身心，达到宣泄情绪的效果。②随时随地天然地动一动：你可以在周末选择走路或爬楼梯来替代乘坐电梯，这样既能锻炼身体，又能疏解情绪，你可以选择逛逛街，在商场或街道上漫步，享受购物的乐趣，同时也让心情得到放松。③动手做事情：你可以收拾房子，整理家居环境，让家里焕然一新，同样也可以让心情变得愉悦，你可以尝试做美食或手工，将自己的情感和思绪通过创作表达出来，从而达到放松的效果。(2)静下去。①没有目的、没有功利的休闲：如果你发现自己的情绪提醒你需要冷静，可以去公园或大自然等环境中散心，“公园二十分钟”效应或许能够让你真正放松下来。②睡觉、发呆：当你思虑过重时，不妨抛下一切去睡觉或是发呆，让你的大脑得到充分休息，从而放松下来。③冥想、禅修、祈祷：当你感到紧张时，可以尝试进行冥想练习、禅修或祈祷，以帮助你平静下来。(3)训练自我满足。如果你的情绪提醒你需要自我关爱，可以用自己喜欢的方式如吃美食、看电影、去游乐园、买东西来满足自己的物质和精神世界，学会自我关怀。(4)尝试自我对话。挑战不合理思维：当你情绪不好时，试着和自己进行对话，挑战自己的不合理思维，如绝对化思维、灾难化思维，以偏概全、非黑即白等不合理的认知模式。试着换个角度看世界，你会发现自己的情绪也会发生相应的变化。(5)进行合理规划。①设置具体、现实、有弹性的目标：假设你最近一直感到焦虑和压力重重，情绪不断提醒你，你的生活可能需要一些整理和调整。首先，你可以设置一个具体且正向的目标，比如：“在接下来的一个月内，我要建立一个规律的作息时间表，并确保每天都有足够的休息和锻炼。”这样的目标既现实可行，又有一定的弹性，允许你在实施过程中进行微调。②制订具体的实施计划：有了具体目标后，你就可以开始制订具体的行动计划。例如，你可以设定每天早上七点起床，晚上十一点睡觉，中午安排一段短暂的午休时间。同时，你可以计划每周进行几次运动，如散步、跑步或瑜伽，以帮助你放松身心，调整精神状态。(6)积极向外求助。如果前面这些方法都无法有效调节消极情绪，我们还可以向外求助，向家人、朋友、同事或者心理咨询师倾诉自己的苦恼，寻求他们的支持、理解。要知道，没有人是一座孤岛！他们的支持和理解可以帮助你更好地应对生活中的挑战和困难。

这些方法就像一个方法清单，每个人要根据自己的喜好和实际情况，选择适合自己的情绪调节方法，最好能找到可能适合自己的三个以上的选项，然后去尝试和坚持使用。

第二节 做孩子的好榜样

一、身教和言传哪个更重要?

在家庭教育领域一直存在一个争论，身教和言传到底哪一个对孩子的影响更深远？当家长希望培养孩子的某个品质时，到底是一直按照这个标准要求自己，以身作则，还是不停地提醒、告诉孩子如何朝着这个标准努力能达到更好的效果呢？

著名心理学家、社会学习理论创始人班杜拉（Albert Bandura）曾经做过一个波波玩偶实验。他将所有孩子分为两组，实验组的孩子通过单向玻璃观察成人用攻击的方式对待波波玩偶；控制组的孩子则通过单向玻璃观察成人平静地与波波玩偶玩耍。观察结束后，工作人员将孩子们带入放有波波玩偶的实验室中。最终结果表明，实验组的儿童用攻击的方式对待波波玩偶的比例要明显高于控制组；且观看同性别成人的孩子攻击行为更多。由此可见，“身教”的力量是巨大的，孩子的观察学习能力非常强，他们会在与榜样接触的过程中，潜移默化地模仿榜样的行为，并且孩子年龄越小受到榜样示范的影响越大。

为什么“身教”会影响孩子呢？这源于“镜像神经元”的影响，在镜像神经元的作用下，个体可以模仿所观察对象的动作、语气、神态，并做出相似反应。而家长作为孩子最早且接触最多的榜样，孩子的很多行为习得也是通过镜像神经元的作用模仿家长所得。经常能够看到地铁里看书的家长旁有一个看书的孩子，看手机的家长旁有一个看手机的孩子。

那么“言传”和“身教”哪一个的影响力更大呢？班杜拉的“滚木球实验”

对这一问题进行了研究。实验对象是一群小学生。作为参加“滚木球游戏”的奖励，每个学生都得到了一些现金兑换券。接着，班杜拉将学生们分成四组，并在每一组中都安排了一个实验助手作为示范者做出一些行为。第一组的助手示范自私自利，向学生们宣扬应该把好东西留给自己，同时他带头没有将得到的现金兑换券捐出去。第二组的助手示范好心肠，向学生们宣扬好东西应该和大家一起分享，并带头将兑换券捐了出去。第三组的助手示范心口不一，他嘴上宣扬应该把好东西留给自己，但实际上他却将兑换券捐了出去。第四组的助手同样心口不一，他嘴上宣扬好东西应该和大家一起分享，但实际上却没有将兑换券捐出来。最终实验结果表明，第二组和第三组捐献兑换券的学生要明显比第一、第四组的多，意味着不管助手对学生宣扬应该怎么做，他们自身是怎么做的对学生的行为影响更大。邓林园等人在2018年针对父母行为监控、父母自控力与孩子自控力之间的关系进行了研究，试图探究父母的言传和身教如何影响孩子的行为。当我们单独考察父亲对孩子的行为监控时，发现父亲的行为监控与孩子的自控力之间不存在显著相关。但父亲行为监控和父亲自控力水平之间存在共同作用，基于该前提，我们将这些父亲按照自控力得分，分为高自控组和低自控组两组。最终结果发现，高自控组父亲对孩子的行为监控可以有效地提升孩子的自控力，而低自控组父亲对孩子的行为监控则对孩子的自控力没有显著作用。换句话说，如果父亲自身自控力水平很高，给孩子树立了一个好的榜样，他对孩子的管教能够有效地提升孩子的自控力；但如果父亲没有起到好的榜样作用，他对孩子的管教就是徒劳的、没有任何作用的。

由此可见，不管是班杜拉的实验还是我们的研究结果，都支持了“身教”胜于“言传”，身行一例，胜似千言。只有父母严于律己，为孩子树立一个好榜样，父母的管教才有说服力，孩子才能真正理解父母所传达的观点理念，并将其融入自己的行为中。因此，作为家长，与其费口舌去要求孩子，还不如花点心思先把自己塑造成孩子的正面榜样。

二、认真做自己的事

那么家长又应该如何在一言一行中给孩子提供积极正向的示范，潜移默化地锚定着孩子的发展方向呢？先来看一个例子。

案例

这天，妈妈下班回到家已经非常疲惫。一整天的工作让她筋疲力尽，她只想坐在沙发上玩会手机，看看朋友圈和新闻，稍微放松一下。这时，女儿甜甜回家了。甜甜一进门就说："妈妈，把手机给我。"妈妈当然不愿意给她手机，因为她觉得甜甜已经对手机上瘾了。妈妈告诉她："我不能给你手机，你赶紧进屋写作业去。"然而，甜甜并没有听从妈妈的话，她愤怒地质问道："凭什么你和爸爸都可以玩手机，而我就不能玩手机？"一股怒火涌上妈妈的心头。她反驳道："我们跟你能一样吗？我们每天早出晚归，工作那么辛苦，我回家不能放松一下吗？而你作为学生，就应该尽可能地把时间花在学习上。"甜甜并不服气："你看，你说你早出晚归，你要放松。可我每天出门比你早，放学比你晚，我的压力比你还大，我更需要用手机来放松娱乐一下。"妈妈想继续教育女儿，可又觉得有点无言以对。

就这个案例来说，家长没有办法管住孩子玩手机，也没有办法理直气壮地反驳孩子。因为孩子说的都是事实，是她亲眼看到家长做的示范。"只许州官放火，不许百姓点灯"的教育方式越来越行不通了。所以，要想说服孩子少玩甚至不玩手机的前提是，家长要少玩甚至不玩手机，这样家长才有发言权。

大量理论、研究和现实生活中的案例都证实了身教很重要，甚至比言传更加重要。我曾经在课上与学生探讨，在他们成长的过程中，家长的哪些教育方式对他们影响最大。有一位女生就分享说，她觉得她父亲对她影响最大的地方就在于，她爸爸自己发自内心对阅读和跑步的热爱。她的父亲只要一有闲暇时间就会坐在那里看书，而无论是在客厅还是卧室，都会非常享受和陶醉其中；她父亲还有每天早上起来晨跑的习惯，不管天气冷热、日晒雨淋，只要不影响出行，父亲都会坚持每天早上在固定的时间去跑步，并且每次跑步回来都显得神采奕奕、心情舒畅。但这位父亲从来不要求，更不会强迫自己的女儿要看书、要跑步。但是这位女生就不知不觉每天在父亲的影响下，养成了阅读的习惯，并且享受其中；尽管她一开始对跑步有些抵触，但是会好奇为什么父亲这么喜欢跑步，于是就试着跟父亲一起晨跑，慢慢地她也感觉到晨跑带来的很多好处，也慢慢养成了晨跑的习惯。

那么，父母应当怎样以身作则，为孩子树立一个好榜样呢？我们可以从态度、行为、情绪三方面为孩子进行示范。

第一，态度的示范。父母要努力在生活中树立积极的生活态度。比如，当我们在工作中遇到挫折，感到烦心时，不应该在孩子面前抱怨：“这破班上着真烦，那么多讨厌的人!”而是应当给自己打气：“没关系，我好好调整心态，努力想办法，下次一定能做好！”

第二，行为的示范。父母在孩子面前应当做到言行一致。许多父母一边刷着朋友圈，一边跟孩子说“好好写作业”，这显然是矛盾的。如果我们希望孩子好好学习，就应该放下手机和他一起看书学习。

第三，情绪的示范。父母要学会管理自己的情绪。当我们对孩子感到不满意时，不应该大吼大叫，数落孩子的各种缺点；而是应当心平气和地讲出孩子有哪些需要改变的地方，明确地表达自己的期望。

三、保持适当的亲子界限

家长在给孩子树立正面榜样的同时，还要注意“身教”和“言传”的平衡，在关注自我和关注孩子之间找到平衡点，与孩子之间保持恰当的界限。当家长对孩子的行为或表现不满意，想要去纠正的时候，先把关注点放到自己身上，先把自己管好，才有发言权去管孩子。这样做有两个好处，一方面家长的自我关怀给孩子树立了一个正面的榜样，让他们在耳濡目染中也学会怎么爱自己；另一方面家长对自我的关注和照顾，还能够适当转移视线，不会把过多精力放在孩子的问题上，这更有利于在亲子之间保持恰当的界限，从而在亲子互动的过程中更容易将自己的状态调到一个合适的频道。来看看下面这个例子。

案例

思思是一个比较完美的“别人家的孩子”。思思虽然才初一，但是凡事都会非常自觉地完成，做事不拖沓。思思会给自己设置明确的目标，制订详细的学习计划，有条不紊地朝着目标努力，并且具有超越同龄孩子的自制力。许多家长找到思思的妈妈想要“取经”，如此优秀的孩子究竟是怎么培养出来的？但是思思妈妈的回答却让不少家长失望了，甚至觉得挺“凡尔赛”。思思妈妈说：“我什么都没做，我都没怎么管她。”面对其他家长的质疑，思思妈妈也很苦恼，因为她真的觉得自己什么都没做。

我们都知道，思思妈妈并不是什么都没做。她一定是把自己的生活过得很好，在她自己都没有意识到的情况下给孩子树立了积极的榜样。同时她和孩子的界限也很清晰，她充分信任孩子，不会事事干涉孩子，给孩子自己探索和解决问题的机会和自由，但是又会在孩子需要的时候提供必要的帮助和支持。后来通过与思思妈妈的进一步交流发现，思思妈妈会经常带孩子去爬山。作为一种家庭活动，思思妈妈只提出“登岳计划”，一年一座山，但是由孩子来查攻略、制订登山计划。在家庭一起出游的过程中，如果遇到一些小问题，思思的爸妈也都鼓励孩子自己处理；如果思思觉得处理不了，可以向爸妈发出求助信号，爸妈也会及时出手相助。因此只要家长把自己的事情做好，并把握好与孩子之间合适的界限，孩子自然而然会成为一个让家长省心的孩子。

第三节　保持和谐的夫妻关系

一、夫妻之间的爱与情感表达

自古以来，中国文化的传统强调含蓄的爱，推崇“羞答答的玫瑰静悄悄地开”。我们有时候会理所当然地认为，即使不表达，配偶也能感受到我们的爱。但事实上，爱要表达出来，才会被接收到，情感要表达出来，才能被感受到。我们在第二章讲“爱的关系”时提到了“爱的五种语言”，这提示我们，我们不仅要把爱表达出来，而且要投其所好，用配偶喜欢的方式表达出来。

记得有一个很老的故事《鱼头和鱼尾》。夫妻二人每次吃鱼，丈夫总把鱼头给妻子，自己吃鱼尾。十年过去了，妻子终于忍不住了，委屈地说：“我喜欢吃鱼尾，你为什么总给我夹鱼头！”丈夫惊讶地说：“我最喜欢吃鱼头，以为你也喜欢，所以就把鱼头留给了你！”从这个故事来看，夫妻俩其实都很爱对方，却并没有让对方感受到爱，而是委屈和遗憾。所以，恰到好处的爱，需要考虑对方的需求是什么，当我们爱对方的方式与对方的需求相匹配时，这样的爱就能达到事半功倍的效果，让夫妻间的感情瞬间升华。并且，如果夫妻之间爱和情感的表达很流畅，也是在潜移默化地教会孩子如何去爱、如何表达爱。在夫妻关系中“爱的五种语言”依然适用。

1. 肯定的言辞

美国心理学家威廉·詹姆斯（Willian James）说过：“人类最深处的需要，就是感觉被人欣赏。”赞美、鼓励和感激有着非常大的能量和超乎想象的魔力。如果你总是批评自己的另一半，那么他/她就会觉得自己在你眼中很糟糕，也会对你有怨气，从而在不知不觉中侵蚀着夫妻关系。

健康积极的爱一定是互相欣赏的，且一定要让对方知道。如果羞于直白地说“我爱你”三个字，也可以试着用下面这个公式来表达。那就是“事实＋感受＋赞美”，用类似这样的句式：“你做了……，我感到……，有你真好！”例如，当丈夫工作上取得了较大进展时，妻子可以对他说：“听说你最近有一个项目完成得很漂亮，我感到好自豪呀，有你这么棒的老公，真好！”

当然，也可以赞美更小的事情，如一道菜、一个新发型、一起散步的活动等。如果我们很少表达对配偶的赞美，那么请观察一下，看看会发生什么。曾经有一位很爱学习的退休老教师去参加一个家庭治疗的培训班，培训专家在第一天课程结束的时候，给学员布置了一个任务，让他们回去找出配偶的三个优点，并告诉对方，然后看看对方有什么变化。这位老教师特别认真地完成作业，可是他们过去几十年的婚姻生活中，从来没有去赞美过对方，要一下找出三个优点，还真是难到她了。终于在晚上睡觉之前，她想出了老伴儿的三个优点，并兴高采烈地跑去告诉他。不过，老伴儿的反应让她有些许失落，他听完之后，没有说什么，表情也看不出任何变化。这位老教师心想，不管怎样，家庭作业算是完成了。然而第二天早上起床之后，惊喜出现了。做了一辈子饭的她，起床之后发现餐桌上居然已经摆好了早餐，这可是老伴儿第一次下厨啊！可见，赞美的语言居然有如此强大的力量，让一个从未下厨的丈夫，破天荒地给妻子做了一顿美味的早餐！

2. 精心的时刻

俗话说“陪伴是最长情的告白”。不过，我们在亲子陪伴的时候也讲到，陪伴不等于陪着，24 小时的“陪着”还不如半小时的“高质量陪伴”。高质量陪伴就能创造精心的时刻，意味着两个人不只是物理空间的交错、身体的靠近，而是心也跟对方在一起，关注彼此的想法、情感和需求，进行有效的互动。简单地说就是两个人共同、全心投入做某件事情，并且不被其他人或其他事影响，关注点在对方和彼此的交流上。例如，夫妻俩晚饭后手拉着手去散步，睡前一起聊聊各自白天发生的逸闻趣事，结婚纪念日的时候一起外出吃一顿烛光晚餐等；当然，也可以是对方白天在单位遇到了很糟心的事情，回到家跟你吐槽的时候，你会放下手上正在写的报告，或者正准备炒的菜，坐下来认真听对方倾诉，并时不时通过身体动作或者共情的话语安抚对方的情绪。注意这个时候，切忌“讲道理”，因为这个时候，受伤和心情不好的另一半只需要情绪上的陪伴和安慰，不需要道理和说教。

3. 身体接触

中国人的含蓄不仅体现在语言表达的内敛，也体现在身体接触的害羞。但事实上，通过拥抱、亲吻、牵手等方式表达的爱，可以快速、直接地抵达人心。“执子之手，与子偕老”的浪漫正体现了身体接触的魔力。在青葱校园里，多少次试探之后男孩鼓起勇气牵起了女孩的手，那一瞬间也是永恒的心动。我们在马路上看到老爷爷老奶奶牵手过马路，会发自内心地羡慕这种平凡的美好。

夫妻之间身体接触带来的力量，有时候超乎我们的想象。当夫妻俩一起散步的时候，因为天气寒冷，丈夫突然拉着妻子的手，揣进自己的衣服兜里取暖；在马路上差点被电动车撞上的妻子被丈夫一把拉过来搂进怀里；受到重大打击的丈夫垂头丧气回到家，妻子温柔地抚摸着丈夫的脸颊；当奔波了一天的丈夫回到家，妻子用心地给丈夫做一个全身按摩。虽然没有说出一个“爱”字，但是一举一动都诠释了浓浓的爱。

4. 接受礼物

有一些人非常有仪式感，而我们大多数的夫妻在结婚之后好像都慢慢淡化了这些所谓的“仪式”，似乎最盛大的婚礼已经完成了后半生的所有仪式感。然而仪式感对于亲密关系的维系是不可或缺的。精心挑选的礼品，最能体现出仪式感。

礼物大致可以分为三种。第一种是对方需要的礼物。也许只是对方随口提了一句的东西，也许是你在生活中观察到对方可能需要的东西。例如，妻子的头发比较干燥，又一直没有时间打理头发，丈夫偶然听到同事们推荐了护发精油，就可以立马下单送给妻子；或者在天冷时给每天需要骑电动车上下班的丈夫买一双保暖的手套。第二种是虽然使用价值不大，却非常有仪式感的礼物，如一束花、一顿烛光晚餐。尽管过日子的夫妻，有时候会觉得这样的礼物是浪费，但是如果妻子在情人节的时候收到一束美丽的鲜花，就算嘴上会唠叨几句，心里肯定也是美滋滋的。最后一种是最省事的，也不太容易出错的礼物，那就是红包。可以在情人节、生日的时候发个有特殊意义的红包，如“520”“1314”。可能有人认为红包不算礼物，但也有人在朋友圈里晒红包，它其实就达到了礼物的效果，既令人开心愉悦，又可以买自己喜欢的东西。

总之，不论礼物是什么，不论准备礼物花费了多长时间，只要有礼物，就是你愿意为对方花时间和精力挑选的结果，也是在意对方的表现，更是一种爱的表达方式。

5. 服务的行动

服务的行动，这可能是我们中国人最喜欢、最擅长的表达爱的方式。比如，为对方做一顿可口的饭菜，在对方生病的时候照顾他/她，开车接送对方上下班，在对方出差的时候给他/她收拾行李，在对方的工作上给予实质性的建议或帮助等。服务的行动，是经济实用的爱，可以让配偶实实在在地享受被关心、照顾和帮助的感觉。服务的行动可以发生在很多情境下，可以是日常生活中的服务，例如，可以在周末的时候跟每天做饭的另一半提议说："今天我来主厨吧，你辛苦一周了，休息一下，也享受一下饭来张口的福利!"或者跟每天在家陪孩子的妻子说："老婆，今天我带孩子去动物园玩，你去找朋友聚会放松一下。"也可以是另一半在工作或其他事情的进展不顺利、需要帮助的时候，及时伸出援手，比如，当丈夫在完成一项紧急的任务，时间已经来不及时，妻子可以帮着做一些力所能及的工作，协助丈夫顺利完成任务，或者当妻子要准备职称答辩期间，丈夫坚定地包揽了所有家务，让妻子没有后顾之忧。

当然，用服务的行动表达爱，不能太过，否则存在一种风险，就是对方会习惯被照顾，从而不知不觉认为一切都理所当然了。

根据盖瑞·查普曼(Gary Chapman)博士的理论，通常每个人都有一两种主要的爱语，因此如果我们希望让对方接收到我们的爱，一方面，我们就要用心去了解配偶的爱语，从而爱的表达和对方爱的需求才能更好地匹配；另一方面，我们也要尽量尝试说不同的爱语，从而让夫妻间的爱和情感可以更顺利地流动。

二、有效解决夫妻之间的冲突

大量研究已经表明，夫妻之间频繁的冲突会对孩子的性格、人际、情绪、学业成就等多个方面产生负面影响。夫妻冲突给孩子带来的影响有多种途径，包括直接影响和间接影响。

首先，是对孩子的直接影响，夫妻互动的不良示范会影响孩子的人际关系和人际技能。这种榜样示范效应，得到了实证数据的支持。有研究发现，从小目睹父母婚姻暴力的孩子在结婚之后成为婚姻暴力者的可能性是一般群体的 2.3～2.7 倍。这些孩子希望将来成为婚姻暴力者吗？不是的。他们不想成为婚姻暴力者，但暴力是他们最熟悉的解决冲突的方式，这种耳濡目染的力量远远大于理智。更糟糕的是，父母的婚姻暴力行为不仅影响子女的婚姻关系，还会影响同伴关系、舍友关系、恋爱关系等。

案例

正值青春期的奇奇最近成绩直线下滑，而且总是情绪失控，甚至还表现出暴力倾向。妈妈很担心，决定带儿子去见心理咨询师。妈妈讲到家里这一年确实发生了很大变化。主要是夫妻关系出现问题，开始频繁争吵，甚至在情绪失控的时候还会有肢体冲突。儿子不仅目睹了这一切，还经常卷入父母之间的冲突，爸爸会在儿子面前诋毁妈妈，妈妈也会忍不住在儿子面前吐槽爸爸。在夫妻之间不断冲突和争吵的过程中，妈妈发现儿子的问题越来越凸显。儿子会经常发脾气，跟爸爸赌气、跟妈妈吵架，甚至还会用爸爸在跟妈妈吵架时骂妈妈的话去指责和质疑妈妈，儿子也越来越控制不住自己在跟同伴相处过程中的暴力倾向。每一次冲动之后，儿子都很后悔，会跟妈妈道歉；儿子冷静的时候，也会觉得爸爸和妈妈互相攻击和伤害甚至用动手的方式解决问题是不对的，却没法控制自己成为他们的“复制品”。（案例来自邓林园著《夹缝中的孩子：在父母冲突中生长》，中国纺织出版社有限公司，2022 年）

在这个案例中，作为父母情绪“垃圾桶”的奇奇深受其害，他自己心里明白一定不要像父母这样处理问题，可是情绪上来后却控制不住自己变成“父母二号”，究其原因，是父母只给奇奇展示了吵架、打架这样消极的“相处之道”。

其次，夫妻冲突还会对家庭氛围产生一些间接影响。例如，会影响孩子的安全感、影响亲子关系、造成家庭三角化等。研究表明，父母冲突越多，婴儿负责情绪和压力管理的相关脑区激活程度会更高，也就是负面情绪会更多，情绪安全感下降，最终产生焦虑、抑郁等情绪问题的概率增大。夫妻冲突严重的家庭中，家长对孩子有效的教养行为更少，更倾向于采用严厉、惩罚的教养方式，对孩子的接纳和包容度更小。这样的家庭中亲子关系会更加紧张，还有可能发展成家庭三角关系模式，包括孩子成为夫妻双方的“润滑剂”“出气筒”“传声筒”“垃圾桶”等。这样的三角关系模式可能会造成代际关系的破坏、家庭关系的失衡。对于孩子来说，孩子会面临背叛与忠诚的两难选择，其心理发展水平与要完成的任务之间存在差距等。我们来看一个夫妻冲突导致家庭三角关系模式的案例。

案例

欣欣的父母因为女儿每天花大量时间玩网络游戏、听音乐、看视频，觉得她有网络成瘾的倾向，于是带女儿来做咨询。然而，让父母没有想到的是，女儿来到咨询室就开始“控诉”父母。她告诉父母自己并没有网络成瘾，她只是不想听到爸妈吵架，也不想卷入父母的争吵中，才逃避到网络世界中。女儿讲到，自己从记事开始，就看到父母永无休止的争吵。当夫妻之间起冲突的时候，母亲经常情不自禁地将对丈夫的气撒在女儿身上；有的时候，父母吵架还会拉女儿出来评理。女儿刚开始还会试图劝架，但不仅不管用，反倒“惹祸上身”，自已成为父亲或者母亲的“出气筒”。久而久之，女儿发现“逃避”是最好的办法，于是就开始玩网络游戏，在网上听课或者看视频，并且戴着耳机，把声音开到很大，直到听不到父母吵架的声音为止。（案例来自邓林园著《夹缝中的孩子：在父母冲突中生长》，中国纺织出版社有限公司，2022 年）

为了孩子的身心健康发展，和谐的夫妻关系是非常必要的。不过，在漫长的婚姻家庭生活中，冲突在所难免。那我们要如何面对和解决夫妻冲突，并减少夫妻冲突对孩子的不良影响呢？接下来我们来看一些具体的方法。

1. 勿将孩子卷入家庭三角关系的旋涡

被卷入家庭三角关系的孩子，更容易感受到夫妻之间剑拔弩张或压抑沉闷的氛围，从而产生显著的不良影响。因此，夫妻之间即使产生冲突也应在两人之间解决，而不是寄望于让孩子充当夫妻矛盾的“润滑剂”“传声筒”，来缓解或化解夫妻之间的矛盾，更不能让孩子扮演“垃圾桶”和“出气筒”的角色，将对配偶的消极情绪或敌意转移到孩子身上，让孩子承受夫妻冲突中强烈的负面情绪。

2. 建设性地解决冲突

当冲突不可避免时，如果家长能够采用建设性的冲突解决策略解决夫妻冲突，对孩子来说是一个良好的示范，因此父母要学会非暴力沟通，真诚地说出事实、感受和期待，努力寻找有效解决问题的方法。除此之外，夫妻还要积极想办法修复关系。约翰·戈特曼提出了一个公式：幸福的婚姻应该保持积极互动和消极互动之比是 5∶1 甚至更高，也就是说，夫妻之间如果有了一次争吵或者冷战，就需要至少 5 次积极的互动来与之抗衡。如果能够达到这样的比例，婚姻关系就会充满希望。积极互动可以包括用不同的爱语向对方表达爱，也包括在夫妻之间的幽默感，以及在冲突之后主动道歉或向对方抛出和好的橄榄枝。建设性的冲突解决和关系修复，一方面给孩子树立了积极解决冲突的榜样，另一方面也让孩子学会用平常心面对冲突。

3. 与孩子正面“谈冲突”

在感知到父母之间的婚姻冲突后，儿童青少年会经历一个自身的调整过程，当儿童青少年认为父母之间的冲突是一件“坏事”或感知到父母之间的婚姻不和谐时，他们就容易出现恐惧、焦虑、痛苦等消极情绪，并缺乏情绪安全感。因此，当家长意识到儿童青少年对于冲突产生了不安全感时，应及时引导孩子对冲突进行合理归因并及时安抚孩子的情绪，避免使其产生内疚感和不安全感，从而导致情绪失调和行为偏差。例如，家长可以对孩子说“爸爸妈妈今天做得不对，不该用这么激烈的方式来解决问题，我们以后会努力改变，用更理性、协商的方式解决问题”，或者“爸爸妈妈吵架虽然不好，但吵架有时候也是在沟通，现在沟通好了，我们之间还是很相爱的”。

4. 当关系修复尝试失败时，学会放手，好聚好散

有研究者曾提出“良性离婚假说”的概念，认为离婚只要得到良好处理，家长和孩子都会从离婚中受益，至少不会产生不良的影响。所谓良性离婚是指父母离婚后仍维持相对正常的家庭功能，父亲和母亲都继续有效地执行教养功能，家长之间沟通频繁但很少冲突，非监护方家长会频繁与孩子联络并保持比较紧密的关系。虽然家长离婚了，但在孩子看来他们仍然是一个家庭，父亲和母亲都继续对孩子的情感、经济和生理需求负责任。

5. 积极的共同养育

冲突的夫妻不管最终离婚与否，在教育孩子的过程中，夫妻都应站在统一战线上，通过有效的沟通与协商，在养育孩子的目标、方法上达成一致。因此无论如何夫妻都应以孩子的福祉为核心，通力合作以实现积极有效的共同养育。

参考文献

[1]鲁道夫·德雷克斯. 父母：挑战[M]. 花莹莹，译. 北京：生活书店出版有限公司，2017.

[2]鲁道夫·德雷克斯，薇姬·索尔兹. 孩子：挑战[M]. 甄颖，译. 北京：生活书店出版有限公司，2015.

[3]David R. Shaffer，Katherine Kipp. 发展心理学：儿童与青少年[M]. 邹泓，等，译. 9版. 北京：中国轻工业出版社，2016.

[4]韦小满，蔡雅娟. 特殊儿童心理评估[M]. 2版. 北京：华夏出版社，2016.

[5]盖瑞·普曼. 爱的五种语言：创造完美的两性沟通[M]. 王云良，陈曦，译. 南昌：江西人民出版社，2010.

[6]约翰·凯恩，艾克·拉萨特，朱莉·斯泰尔斯. 非暴力沟通·冲突调解篇[M]. 李夏，译. 北京：华夏出版社，2022.

[7]马修·麦克凯，杰弗里·伍德，杰弗里·布兰特里. 辩证行为疗法：掌握正念、改善人际效能、调节情绪和承受痛苦的技巧[M]. 王鹏飞，李桃，钟菲菲，译. 重庆：重庆大学出版社，2018.

[8]陈琦，刘儒德. 当代教育心理学[M]. 2版. 北京：北京师范大学出版社，2007.

[9]刘朝莹，刘嘉. 做守信的家长，培养自律的孩子[M]. 北京：北京联合出版公司，2017.

[10]维吉尼亚·萨提亚，约翰·贝曼，简·格伯，玛利亚·葛莫莉. 萨提

亚家庭治疗模式[M]. 聂晶，译. 北京：世界图书出版公司北京公司，2007.
[11]简·尼尔森，琳·洛特，斯蒂芬·格伦. 正面管教 A-Z：日常养育难题的 1001 个解决方案[M]. 花莹莹，译. 北京：北京联合出版公司，2013.
[12]约翰·戈特曼，琼·德克莱尔. 培养高情商的孩子：让孩子受益一生的情绪管理法[M]. 付瑞娟，译. 杭州：浙江人民出版社，2014.
[13]吴明证，李阳，尹金荣，等. 家庭仪式与青少年亲社会倾向：生命意义感的中介作用[J]. 中国临床心理学杂志，2023，31(01)：175-178.
[14]邓林园，许睿，方晓义. 父母冲突、亲子三角关系与青少年应对方式之间的关系[J]. 北京师范大学学报(社会科学版)，2017(01)：83-91.
[15]邓林园，张锦涛，方晓义，等. 父母冲突与青少年网络成瘾的关系：冲突评价和情绪管理的中介作用[J]. 心理发展与教育，2012，28(05)：539-544.
[16]梁宗保，张光珍，陈会昌，等. 父母元情绪理念、情绪表达与儿童社会能力的关系[J]. 心理学报，2012，44(02)：199-210.
[17]赵坤，王辉，张林. 心理学导论[M]. 北京：中国传媒大学出版社，2009.
[18]侯静. 依恋理论与社会网络理论的进展[J]. 心理发展与教育，2008(01)：123-128.
[19]林崇德，李庆安. 青少年期身心发展特点[J]. 北京师范大学学报(社会科学版)，2005(01)：48-56.
[20]方晓义，张锦涛，刘钊. 青少年期亲子冲突的特点[J]. 心理发展与教育，2003，19(03)：46-52.
[21]池丽萍，王耘. 婚姻冲突与儿童问题行为关系研究的理论进展[J]. 心理科学进展，2002，10(04)：411-417.